Rick Hanson

Selbstgesteuerte Neuroplastizität

Der achtsame Weg, das Gehirn zu verändern

Aus dem Amerikanischen von Mike Kauschke

Gesprochen und bearbeitet von Lienhard Valentin

arbor

Arbor Verlag
Freiburg im Breisgau

Die Originalausgabe erschien unter dem Titel:
Self-Directed Brain Change

2. Auflage 2021

Lektorat: Lothar Scholl-Röse und Dirk Henn
Druck und Bindung: Kösel, Krugzell
Hergestellt von mediengenossen.de

Dieses Buch wurde auf 100 % Altpapier gedruckt und ist alterungsbeständig.
Weitere Informationen über unser Umweltengagement finden Sie unter
www.arbor-verlag.de/umwelt

www.arbor-verlag.de

ISBN 978-3-86781-118-7

Inhalt

Einleitung

In diesem Buch und den begleitenden Übungen und Meditationen geht es um eine einfache Grundidee: Wie können wir die Kraft gewöhnlicher Momente nutzen, um bleibende Ressourcen in unserem Geist, in unserem Gehirn und in unserem Leben zu entwickeln?

Hierbei beziehen wir uns auf die neuesten Erkenntnisse der Neurowissenschaft; sie belegen, dass vorübergehende Erfahrungen in neuronale Strukturen umgewandelt werden können. Dieses Programm bezieht zudem die Erfahrungen der westlichen Psychologie und der alten kontemplativen Traditionen mit ein.

Die Tradition, die ich am besten kenne, ist der Buddhismus. Ich werde aus dessen sehr wirkungsvollem Modell des Geistes schöpfen, um die

Ursachen des Leidens und der Befreiung vom Leiden zu verstehen. Jahrhundertelang haben Menschen überall in der Welt nach diesen Ursachen gefragt, heute aber beginnen wir, die neuronalen Grundbedingungen dafür innerhalb des Gehirns zu erkennen – dieses 1400 Gramm schweren Haufens grauer Masse zwischen unseren Ohren.

1

Das Aufnehmen des Positiven als Praxis

Wie können wir unser Gehirn zum Besseren verändern?

Was lässt uns leiden? Wie funktioniert Glück? Was passiert in diesen Momenten in unserem Gehirn? Oder anders formuliert: Was sind die mentalen Ursachen des Leidens oder des Glücks?

Diese Frage und die ihr entsprechenden Antworten erschließen uns die Grundlage für einen fantastischen Wandel: Wir können allein den Geist nutzen, um das Gehirn und dadurch auch den Geist zum Besseren zu verändern. Hierbei geht es vor allem darum, den tief eingeprägten Hang zum Negativen (Negativitätsbias) im Gehirn zu überwinden.

Dieser Hang zum Negativen hat sich über die vielen Millionen Jahre der Evolution entwickelt und war eine gut gemeinte Unterstützung von Mutter Natur, damit unsere Vorfahren überleben konnten. Aber dieser Hang zur Negativität führt heute zu überflüssigem Stress, unnötigen Sorgen, Schmerzen und Leiden und vielen vermeidbaren Konflikten mit anderen Menschen.

Es ist wichtig für uns, einen Weg zu finden, um mit diesem Steinzeitgehirn gut umzugehen und es in eine positive Richtung zu lenken. Dieses Programm wird Ihnen zeigen, wie das möglich ist.

In diesem Buch werde ich Ihnen interessante Informationen über die Funktionsweise unseres Gehirns vermitteln und Sie durch eine Reihe angeleiteter Übungen begleiten, die Ihnen zeigen, wie Sie selbst einen neuen Umgang mit Ihrem Gehirn erlernen können. Zudem werde ich Ihnen vermitteln, wie Sie durch jede dieser Übungen Stück für Stück Glück in Ihrem Gehirn verankern können.

Mein eigener Weg zum Aufnehmen des Positiven in mein Leben begann als junger Mann, als ich versuchte, meinen eigenen Bedürfnissen gerecht zu werden. Als Kind und Jugendlicher empfand ich mich oft als Einzelgänger und Außenseiter. Ich war schüchtern, kurzsichtig, wurde

oft zur Seite gedrängt, herablassend behandelt, nicht gesehen und nicht respektiert. Was ich erlebte, ist natürlich eine Kleinigkeit im Vergleich zu dem, was andere Menschen durchgemacht haben.

Aber es hatte eine bleibende Wirkung auf mich. In der Sprache der Psychologie könnte man sagen, dass meine gesunden narzisstischen Bedürfnisse nicht erfüllt wurden: sich zugehörig fühlen, gemocht und wertgeschätzt werden. Als ich mit dem Studium begann, hatte ich das Gefühl, als wäre ein Loch in meinem Herzen – ein leerer Ort in meinem Inneren, der von Schmerz umgeben war. Ich weiß nicht mehr genau, wie ich darauf kam, aber beim Studium bemerkte ich irgendwann, dass ich etwas tun konnte: Wenn ich mir einfach einige Sekunden Zeit nahm, um positive Erfahrungen, die meine eigenen Bedürfnisse erfüllten, in mich aufzunehmen, konnte ich nach und nach spüren, wie sich das Loch in meinem Herzen füllte.

Es waren oft kleine Erlebnisse: Wenn ich zum Beispiel einen Mitstudenten auf dem Gang traf und er mich einlud, zum Mittagessen in die Pizzeria zu gehen. Wenn ein Mädchen mich anlächelte. Wenn ich den Ball beim Football fing und Lob von meinen Mannschaftskameraden bekam. Oder wenn während eines Gesprächs in einer Gruppe meine

Gegenüber nickten und signalisierten, dass sie mir zuhörten. Das waren nicht die großen, weltbewegenden Momente, aber jeder dieser Augenblicke war eine Gelegenheit, um einige Sekunden lang zu erfahren, dass ich gut bin. Ich konnte mich zugehörig, gesehen, wertgeschätzt und geliebt fühlen.

Wenn ich einfach in diesem Gefühl verweilte, dann spürte ich es in meinem Körper, spürte es emotional und sah die Welt aus der Perspektive, die sich darin eröffnete. Als ich so in der Erfahrung verweilte, hatte ich den Eindruck, dass ich sie nach und nach verinnerlichte. Sie durchdrang meinen Körper und ich spürte, dass die Erfahrung bleibender wurde. Mit der Zeit verringerte sich der Schmerz, den ich im Zusammenhang mit dem Loch in meinem Herzen fühlte, weil ich es langsam füllte.

Zu Beginn fühlte sich dieses Loch in meinem Herzen wie die Baustelle für einen Wolkenkratzer an, die so groß war, dass die Bagger und Planierraupen darin herumfahren konnten. Aber ich ging jeden Tag an dieser Baustelle vorbei und durch ein Loch im Zaun warf ich einige Ziegelsteine hinein. Die einzelnen Ziegelsteine haben mein Leben nicht verändert, aber mit jedem Stein, den ich dort Tag für Tag hineinwarf,

füllte ich das Loch in meinem Herzen bis zu dem Punkt, da ich mich wirklich anders fühlte. Dabei nahm ich auch positive Haltungen ein, die wir später in diesem Programm noch kennenlernen werden: Ich stand mir selbst bei, ich behandelte mich selbst mit Wertschätzung, ich lernte, meine Aufmerksamkeit zu trainieren, denn ich musste meine Aufmerksamkeit auf diese positiven Erfahrungen konzentrieren. Und ich handelte. Ich war aktiv, statt nur passiv – sozusagen ein Hammer anstelle eines Nagels. All diese unterstützenden Haltungen sind Nebeneffekte beim Aufnehmen des Positiven. Und wie wir später noch genauer untersuchen werden, verstärke ich durch diese Aufmerksamkeit für positive Erfahrungen die Sensibilität meines Gehirns für das Positive. Man könnte sagen, dass mein Gehirn dadurch positive Erfahrungen stärker anzog. So konnte ich den Hang zum Negativen verringern, den wir als Menschen natürlicherweise in uns tragen.

In den nächsten Kapiteln werden wir die Grundlagen dieses Programms nach und nach vertiefen. Doch der Ausgangspunkt liegt in Ihrer Einsicht, dass Sie etwas verändern können: Es ist selbst im Alltag möglich, Ihr Gehirn positiv zu verändern. Dies wiederum wird Ihre Gefühle und Gedanken, Ihre Wünsche und Handlungen und Ihre ganze Perspektive

auf das Leben ebenfalls zum Positiven verändern. Davon werden immer weitere Wellen ausgehen, die das Leben der Menschen berühren, mit denen Sie verbunden sind. Niemand kann Sie davon abhalten, alltägliche Begebenheiten zu nutzen, um bleibende positive Veränderungen in Ihr Dasein zu weben. Das kann Ihnen niemand nehmen, auch dann nicht, wenn Ihr Leben sehr schwierig sein sollte. Hier möchte ich einen alten Text zitieren, der auf den Buddha zurückgeht

„Verachte das Gute nicht, indem du sagst, es wird nicht zu mir kommen. Tropfen für Tropfen füllt sich der Wassereimer. Genauso sammelt der Weise das Gute nach und nach und füllt so sein Wesen damit."

Mögen Sie die Informationen und Übungen in diesem Programm und Ihre eigenen Reflexionen dafür nutzen, um jeden Tag, Tropfen für Tropfen, Ihren eigenen Wassereimer mit dem Guten zu füllen.

Die Schritte beim Aufnehmen des Positiven

Wir wissen alle, wie wir das Gute in uns aufnehmen können. Wir alle hatten schon positive Erlebnisse, in denen wir verweilen konnten und intuitiv spürten, dass wir sie in uns aufnehmen. Mich selbst interessiert dabei, wie wir im Aufnehmen des Positiven immer besser und geschickter werden können. Denn wir besitzen ein Gehirn, das sehr gut darin ist, aus den schlechten Erfahrungen zu lernen, dem es aber schwerfällt, aus guten Erfahrungen zu lernen. Wir müssen also unserem Gehirn helfen, aus guten Erfahrungen zu lernen, denn dies ist der wirksamste Weg, um innere Stärke und Glück in uns zu entwickeln.

Unser Gehirn kann eine vorübergehende Erfahrung in eine bleibende neuronale Struktur verwandeln. Dadurch können neue „Muskeln" des Selbstvertrauens, des Optimismus, des Glücks und der Liebe entstehen, die wir in uns wachsen lassen wollen. Wenn wir vorübergehende mentale Erfahrungen in bleibende neuronale Strukturen verwandeln wollen, sollten wir drei grundlegende Schritte beachten.

Der erste Schritt besteht darin, eine positive Erfahrung zu machen. Wir müssen zunächst einen positiven mentalen Zustand aktivieren. Meistens machen wir solche Erfahrungen bereits und müssen nur bemerken, dass wir uns in diesem Moment gut fühlen. Oder es gibt Gelegenheiten, bei denen wir Positives erleben könnten, das direkt vor unserer Nase liegt. Zu anderen Zeiten können wir solche positiven Erfahrungen auch ganz bewusst machen. Der erste Schritt ist also, ein positives Erlebnis zu haben.

Beim zweiten Schritt verankern wir diese mentalen Zustände, die wir aktiviert haben, im Gehirn. Dabei sorgen wir dafür, dass die Erfahrung andauert, wir spüren sie in unserem Körper, wir lassen sie intensiver werden, wir sehen neue und unerwartete Aspekte der Erfahrung. Zudem erkennen wir, in welcher Weise diese Erfahrung für uns persönlich relevant ist. Dies sind Möglichkeiten, um dafür zu sorgen, dass Neuronen in Ihrem Gehirn zusammen aktiviert werden, so dass sie sich in der Folge miteinander verbinden, gemäß dem Motto: „Neuronen, die zusammen aktiviert werden, verbinden sich“ (*Neurons that fire together, wire together*).

Im dritten Schritt beeinflussen wir die Systeme der Erinnerung, so dass sie besonders empfänglich für das Gute werden, indem wir beabsichtigen und spüren, dass diese positive Erfahrung in uns aufgenommen wird. Wir alle haben diese Methode in unserem Leben schon oft angewendet. Wenn ich an meinen Urlaub und den wunderbaren Sonnenuntergang auf Hawaii denke, sehe ich ihn vor mir in all den strahlenden Farben – violett, orange, rot –, die fast wie in einer psychedelischen Erfahrung am Himmel explodierten. Wir alle kennen solche Momente, die wir uns einprägen – die Geburt eines Kindes, das Erlebnis des sternenklaren Himmels oder einfach nur ein besonderer Moment, in dem etwas Bedeutungsvolles geschehen ist, vielleicht ein Aha-Moment oder eine spirituelle Erkenntnis. In solchen Momenten sagen wir uns: „Das möchte ich ganz in mich aufnehmen, so dass es in mir erhalten bleibt."

Es gibt noch einen weiteren Schritt, den wir zusätzlich tun können. Hier verknüpfen wir im Gewahrsein positive Erfahrungen mit negativen. Die ersten drei Schritte konzentrieren sich nur auf das Positive, und während dieses Programms werden Sie diese drei Schritte immer wieder durchführen.

Dieser weite Schritt über das Positive hinaus ist wie der tiefe Bereich des Schwimmbeckens. Es besteht ein größeres Risiko, aber es kann potentiell eine sehr wertvolle Erfahrung sein, sich dort hinzubegeben. Wir nutzen die Kraft der Erinnerung, über die ich später noch ausführlicher sprechen werde, um negative Inhalte mit positiven Inhalten zu füllen, die wir kraftvoller und dominanter im Gewahrsein halten. So kommt das Positive in das Negative, und das Gute tröstet, löst und ersetzt möglicherweise sogar das Schlechte. Das ist ein sehr folgenreicher und wirkungsvoller Schritt.

Für die soeben beschriebenen Schritte habe ich die Abkürzung *HEAL* geprägt, das englische Word für „heilen": eine positive Erfahrung machen (*Have*), sie vertiefen und erweitern (*Enrich*), sie in uns aufnehmen und verinnerlichen (*Absorb*) und sie mit negativen Inhalten verknüpfen (*Link*).

● Auf CD 1 halte ich kurze Übungen für Sie bereit. Darin konzentriere ich mich nur auf die ersten drei Schritte beim Aufnehmen des Positiven. Wir wenden uns den Grundbedürfnissen nach Sicherheit, Zufriedenheit und Verbundenheit zu. Später werde ich noch näher auf diese Grundbedürfnisse eingehen. Zu jedem dieser Grundbedürfnisse machen wir im Laufe dieses Programms Übungen. Wenn Sie möchten, können Sie nach jeder dieser Übungen eine Pause einlegen oder die ganzen Übungen an einem Stück machen.

Diese Übungen sollten Sie natürlich nicht während des Autofahrens machen! Meine Empfehlungen für die Durchführung können Sie selbstverständlich verändern und an Ihre eigenen Bedürfnisse anpassen. Das Wichtigste aber ist, dass Sie gut auf sich aufpassen! Die erste Übung wird sich dem Grundbedürfnis nach Sicherheit widmen, wobei wir die innere Ressource und Stärke der Entspannung entwickeln. Denn Entspannung im Körper, im Herzen und im Geist

ist ein sehr wirkungsvoller Weg, um die innere Botschaft auszusenden, dass alles in Ordnung ist, dass wir nach Hause gekommen, in einen sicheren Hafen gelangt sind. Zudem ist es kaum möglich, sich ängstlich zu fühlen, wenn der Körper sehr, sehr entspannt ist. Wir wollen also sozusagen unseren eigenen Muskel für Entspannung trainieren.

Übung 1 Das Positive aufnehmen

Das Aufnehmen des Positiven als Praxis

Basierend auf den Erfahrungen, die Sie in dieser Übung gemacht haben, möchte ich Ihnen nun Hinweise zum Aufnehmen des Positiven geben und einige der verwendeten Methoden etwas näher erläutern.

Als Erstes möchte ich bemerken, dass es völlig normal ist, wenn Ihr Geist während dieser Praxis abschweift. Wenn dies geschieht, sollten Sie den Geist einfach zurückbringen. Es ist auch völlig normal, dass negative Gedanken, Gefühle oder Erinnerungen auftauchen, wenn Sie sich auf positive Inhalte konzentrieren. Das Gehirn ist wie ein großes, weitverzweigtes Netz, und wenn man einen Teil des Netzes bewegt, dann werden auch die anderen Teile in Bewegung versetzt.

Wenn Sie sich auf Dinge konzentrieren, für die Sie dankbar sind, dann ist es ganz natürlich, dass Sie sich auch an die Situationen erinnern, in denen Sie nicht das bekamen, was Sie sich wünschten. Wenn Sie an schöne Erlebnisse mit Freunden denken, dann ist es ganz normal, dass Sie auch an Momente denken, wo Menschen nicht so freundlich zu Ihnen waren. Wenn Sie sich auf das Positive konzentrieren und es in sich aufnehmen, führt dies oft zu einer der positivsten Wirkungen dieser Praxis:

Negative Inhalte, von denen Sie nicht einmal wussten, dass sie überhaupt da sind, werden ans Licht gebracht. Das trifft zu, egal, ob Sie das Aufnehmen des Positiven für sich selbst anwenden oder als Therapeut, Lehrer, Achtsamkeitslehrer oder als Mutter oder Vater mit Ihren Kindern.

Es können negative Gedanken, Gefühle oder Erinnerungen auftauchen, deren Kraft Sie unterschätzt haben. Hier haben Sie die Wahl: Konzentrieren Sie sich eine Zeit lang auf diese negativen Inhalte und kommen dann zu den positiven Inhalten zurück? Oder erkennen Sie diese negativen Inhalte einfach an und konzentrieren sich während der Praxis auf das Positive? In diesem Programm empfehle ich Ihnen, einfach wieder zu den positiven Inhalten zurückzukommen und ihre Konzentration auf diese zu richten. So können Sie die stärksten positiven Wirkungen erfahren.

Und noch ein zweiter Hinweis, den ich Ihnen geben möchte: Wenn Sie das Positive aufnehmen wollen, werden Sie meistens ohne meine Anleitung auskommen müssen. Sie tun es unterwegs: Sie gehen die Straße entlang und sehen etwas Schönes. Die blühenden Blumen, das Lächeln eines Kindes oder der blaue Himmel erfüllen Sie mit einem guten Gefühl. In diesem Moment können Sie einige Sekunden innehalten, um diese schöne, positive Erfahrung aufzunehmen. Oder Sie bemerken, dass

Sie sich schon gut fühlen, weil Sie einen Erfolg bei Ihrer Arbeit hatten, endlich die Kinder ins Bett gebracht haben oder die Wäsche gewaschen haben. Oder Sie haben gerade eine Meditation geübt und fühlen sich friedvoll, zentriert und verwurzelt.

Wenn Sie solch eine positive Erfahrung bereits machen, können Sie sie aufnehmen und sozusagen die Früchte dieser Erfahrung ernten. Wenn Sie das Positive aufnehmen, wird es meistens unterwegs im Alltag geschehen, weshalb die tatsächliche Dauer der Erfahrung relativ kurz sein wird, oft nur wenige Sekunden.

Zusätzlich zu diesen vorübergehenden Erfahrungen können Sie sich für das Aufnehmen des Positiven auch besondere Zeiten reservieren, zum Beispiel nach dem Aufwachen am Morgen. Später werde ich eine Übung anleiten, die ich fast jeden Morgen mache und bei der ich mich in einem grundlegenden Gefühl des Friedens, der Erfülltheit und Liebe zentriere. Auch Mahlzeiten sind eine natürliche Gelegenheit zum Aufnehmen des Positiven. Auch das Ende Ihres Tages, kurz vor dem Einschlafen, ist ein guter Moment, um in etwas Gutem zu ruhen. Das ist eine gute Zeit, um auch Kinder in eine positive Atmosphäre zu bringen, denn das Gehirn ist beim Einschlafen sehr empfänglich. Eine formelle Weise des Aufneh-

mens des Positiven ist mit bestimmten Aktivitäten verbunden, wie zum Beispiel Meditation, Gebet, eine Therapiestunde oder das regelmäßige Tagebuchschreiben. Jedes Mal, wenn Sie positive mentale Zustände aktivieren, sollten Sie sie nicht einfach nur so vorübergehen lassen. Sie können sie nutzen, indem Sie sie ganz in sich aufnehmen und verinnerlichen. Nehmen Sie das Gute an, so dass es Ihnen erhalten bleibt.

Ein dritter Hinweis, den ich hier geben möchte, bezieht sich auf die Dauer der Erfahrung. Jedes Mal, wenn Sie das Positive aufnehmen, können Sie von folgendem Grundsatz ausgehen: Je reicher und intensiver die Erfahrung ist, je länger sie andauert und je stärker Sie so die Neuronen aktivieren, desto mehr dieser Neuronen werden sich verbinden. Je öfter Sie also jeden Tag das Positive aufnehmen, desto besser. Hier können wir uns an das Gleichnis von den Wassertropfen erinnern: Je größer die Tropfen sind und je mehr Tropfen jeden Tag entstehen, desto schneller werden wir den Eimer füllen. Je öfter Sie diese Praxis üben, desto stärker werden Sie deren positive Wirkungen spüren. Der Grund dafür ist, dass Sie mit intensiverer Praxis Ihr Gehirn stärker verändern. Jedes Mal, wenn Sie das Positive aufnehmen, verändern Sie einen kleinen Teil der neuronalen Struktur und der grundlegenden Netzwerke im emotionalen Gedächtnis.

Wie das Gehirn den Geist verändert

In diesem Abschnitt werde ich mich mit der Beziehung zwischen dem Geist und dem Gehirn beschäftigen. Aber bevor ich die Einzelheiten dieser Beziehung genauer untersuche, werde ich beide einzeln betrachten.

Unser Gehirn wiegt ungefähr 1400 Gramm. Obwohl dies nur zwei bis drei Prozent unseres Körpergewichts sind, nutzt es 20 bis 25 Prozent der Glucose und des Sauerstoffs im Blut, denn unser Gehirn ist immer beschäftigt, es ist sozusagen immer eingeschaltet. Es wird von 1,1 Billionen Zellen gebildet, nur 10 Prozent davon sind Neuronen, wir haben also etwa 100 Milliarden Neuronen im Gehirn. Die anderen Zellen sind auch sehr wichtig, es sind die Gliazellen, die eine unterstützende Funktion übernehmen. Doch die wichtigsten Zellen für die Arbeit des Gehirns sind natürlich die Neuronen. Das Gehirn ist aber nur die Zentrale eines größeren Nervensystems. Wenn ich also über das Gehirn spreche, dann steht es für das gesamte Nervensystem.

In Bezug auf die Funktionsweise der einzelnen Neurone können wir sagen, dass jedes Neuron wie ein Ein- und Ausschalter, also wie ein

Transistor, wirkt. Und jeder dieser „Schalter“ ist im Durchschnitt mit 5000 anderen Neuronen verbunden, die zusammen ein weitverzweigtes Netzwerk bilden, in dem es etwa 100 bis 500 Billionen Verbindungen gibt – in Ihrem Kopf! Es ist schon ziemlich erstaunlich, wenn wir bedenken, dass das Organ, über das wir hier sprechen, sich selbst als Organ zu verstehen versucht – jetzt und hier, wenn Sie meinen Worten folgen und darüber nachdenken. In diesem riesigen Netzwerk gibt es also kleine Neuronen, jedes davon ein kleiner Ein- und Ausschalter, der fünf bis fünfzig Mal in der Sekunde aktiviert wird, abhängig von dem Input, der diese „Schalter“ aus anderen Neuronen erreicht.

Im Inneren des Gehirns haben wir es mit unglaublich kleinen Bestandteilen zu tun. Man könnte fünf Zellkörper, der größte Teil eines Neurons, nebeneinanderlegen, und sie wären so breit wie ein Haar. Die Verbindungen zwischen den Neuronen, die als Synapsen bezeichnet werden, sind so dünn, dass man in der Breite eines Haares 5000 davon nebeneinanderlegen könnte. Soweit ein kurzer Überblick über das Gehirn, das in ein umfassendes Nervensystem eingebettet ist.

Unser Gehirn ist sehr geschäftig, es nutzt ein Viertel oder ein Fünftel der Energie, die in unserem Blutkreislauf transportiert wird. Warum hat

uns die Natur ein Organ gegeben, dass so viel unserer Energie verbraucht und dazu noch so verwundbar und so wichtig ist?

Um diese Frage zu beantworten, müssen wir uns *dem Geist* zuwenden. Die wichtigste Aufgabe des Nervensystems (mit der Zentrale im Gehirn) besteht darin, Informationen weiterzuleiten, zu speichern und zu nutzen. Diese Prozesse werden von Neurowissenschaftlern als Geist bezeichnet. Dieser Gedanke mag zunächst verwirrend sein: Dieses Netzwerk des Körpers, dessen Zentrale im Gehirn liegt, repräsentiert nichtkörperliche, immaterielle Information. Wie ist das möglich? Wenn wir uns umschauen, dann finden wir viele Beispiele dafür, dass Bedeutung und Signale – mit anderen Worten Wissen oder Information – durch eine materielle Grundlage oder ein materielles Substrat repräsentiert werden.

Ein Beispiel ist einfach der Versuch, jetzt diese Sätze zu verstehen. Sie lesen Wörter auf dem Papier, die in sich die Bedeutung tragen, die ich vermitteln möchte. Wenn ich das Wort „Gehirn“ schreibe, hat es eine Bedeutung für Sie. Wenn ich das Wort „Hund“ schreibe, hat es eine andere Bedeutung für Sie. Wenn ich aber auf Spanisch schreiben und ein anderes Wort für „Hund“ benutzen würde, dann hätte dieses Wort für Sie

nicht die gleiche Bedeutung. Wenn wir ein Buch lesen, sehen wir also die Buchstaben, die etwas Materielles sind, aber diese materiellen Zeichen stehen für immaterielle Informationen. In gleicher Weise repräsentiert das Nervensystem unseres Körpers Informationen. Der größte Teil dieser Informationen und damit auch ein großer Teil des Geistes und die meisten mentalen Aktivitäten befinden sich außerhalb unseres Gewahrseins. Wir sind uns nur der äußersten Spitze des Eisbergs bewusst, der sich als die bewusste Wahrnehmung von Sehen, Hören, Schmecken, Riechen und Berühren manifestiert – oftmals in Form innerer Gedanken, Gefühle, Wünsche, Hoffnungen, Träume und Sorgen. Wie gesagt, dies ist aber nur die äußerste Spitze des Eisbergs.

Heute gibt es in der Neurowissenschaft keinen Zweifel darüber, dass das Nervensystem jede Menge Informationen enthält und weiterleitet. Was aber noch nicht geklärt wurde, ist die Art und Weise, wie aus diesen grundlegenden materiellen Prozessen eine subjektive Erfahrung entsteht. In der Neurowissenschaft wird dies als das „*hard problem*" bezeichnet. Mit anderen Worten: Wie kann im Körper ein Geist entstehen? Wie kommt es zum Beispiel zur Wahrnehmung der Farbe Rot? Niemand kennt die Antwort auf diese Fragen. Aber es wird immer deutlicher, dass

sich mentale Aktivität, einschließlich der bewussten mentalen Aktivität – sehen und hören, hoffen und träumen –, gleichzeitig mit zugrunde liegender neuraler Aktivität bewegt und davon in jedem Moment unterstützt wird. Die mentale und die neuronale Aktivität entstehen oder erscheinen also zusammen. Und wie wir schon bald sehen werden, hinterlassen wiederholte Muster der neuronalen Aktivität bleibende Wirkungen in der neuronalen Struktur.

Wie der Geist das Gehirn verändert

Wir kommen nun zu drei grundlegenden Merkmalen des Geistes und des Gehirns.

Beim ersten dieser Merkmale können wir feststellen, dass sich mit der Veränderung unseres Gehirns auch unser Geist verändert – zum Besseren oder zum Schlechteren. Wenn sich Ihr Gehirn zum Besseren verändert und beispielsweise Ihr linker präfrontaler Kortex, der Bereich hinter der linken Stirn, stärker aktiviert ist, wird dies mit mehr positiven

Emotionen und besserer Stimmung in Verbindung gebracht. Der Grund liegt zum Teil darin, dass der linke präfrontale Kortex negative Emotionen kontrolliert, abbremst oder hemmt.*

Wenn die negativen Emotionen wirksam gehemmt werden, dann werden positive Emotionen stärker. So kann sich unser Gehirn also zum Besseren verändern, indem der linke präfrontale Kortex stärker aktiviert wird. Somit verändert sich auch unser Geist zum Besseren.

Das Gehirn kann sich aber auch zum Schlechteren verändern, wenn zum Beispiel hohe Mengen des Stresshormons Cortisol die Neuronen im Hippocampus schädigen oder zerstören. Dieser Bereich des Gehirns erfüllt wichtige Aufgaben, unsere Erinnerungen werden dort gebildet und unsere Erfahrungen in einen Kontext gesetzt. Der Hippocampus beruhigt zudem den Teil des Gehirns, der uns Alarmsignale gibt: die Amygdala. Der Hippocampus steht mit dem Hypothalamus in einem Informationsaustausch und sendet ihm die Botschaft, dass er keine Stresshormone mehr produzieren muss.

---

* Bei Linkshändern zeigt sich dieses Merkmal spiegelverkehrt, doch hier nehme ich der Einfachheit halber die Anatomie eines Rechtshänders als Referenz.

Bei chronischem Stress besteht eine andauernde Freisetzung von Cortisol, das dem Hippocampus schadet und in Extremfällen dazu führen kann, dass ein Drittel des Organs zerstört wird. So kann sich also das Gehirn zum Schlechteren verändern, wodurch auch unser Geist in Mitleidenschaft gezogen wird.

Wenn ein Teil des Gehirns seine Aufgaben nicht mehr so effektiv ausführen kann, dann ist er nicht mehr in der Lage, uns zu unterstützen. Wenn der Hippocampus beeinträchtigt ist, dann kann er negative Erfahrungen nicht mehr in einen Kontext setzen, um uns zu helfen, das Geschehen in einem großen Bild zu sehen. Der Hippocampus ist auch nicht mehr so wirkungsvoll darin, die Alarmglocke Amygdala zu beruhigen. Und er kann dem Hypothalamus nicht so gut vermitteln, dass er keine Stresshormone mehr braucht. Es entsteht also ein Teufelskreis: Wenn wir heute Stress erfahren, wird Cortisol freigesetzt, das den Hippocampus schädigt, wodurch in Zukunft der Hippocampus die Alarmglocke Amygdala und den Hypothalamus nicht beruhigen kann, wenn sie auf Stress reagieren. Dadurch werden wir aber in Zukunft noch anfälliger für Stress.

Wenn sich aber unser Geist verändert, dann verändert sich auch unser Gehirn. Möglich wird dies dadurch, dass wir unsere Aufmerksamkeit von einem Gegenstand auf einen anderen richten oder dass sich unser emotionaler Zustand wandelt oder wir uns mit anderen mentalen Aktivitäten beschäftigen. Dadurch verändert sich auch die zugrunde liegende neuronale Aktivität, die notwendig ist, damit diese mentale Aktivität entstehen kann.

Wenn wir zum Beispiel über etwas nachdenken, das in uns Stress auslöst, dann wird in unserem Gehirn mehr Cortisol freigesetzt. Unser Geist verändert sich, und deshalb verändert sich auch unser Gehirn. Wenn Sie stattdessen an jemanden denken, den Sie lieben, vielleicht ein Haustier, einen Freund oder einen Menschen, der Sie sehr liebt, dann rufen Sie in sich Gefühle der Nähe wach, was wiederum dazu führt, dass das Hormon Oxytocin, das auch als Neurotransmitter wirkt, freigesetzt wird.

Ihr Gehirn kann sich auch verändern, wenn Sie Ihre Aufmerksamkeit auf etwas konzentrieren, wie zum Beispiel auf dieses Buch oder auf Ihren Atem oder auf ein Mantra in der Meditation. Oder wenn ein Schüler sich auf den Lehrer konzentriert, der gerade eine mathematische Aufgabe erklärt, wird ein Teil des Gehirns, der als cingulärer Kortex bezeichnet

wird – und hier besonders der vordere Teil, der anteriore cinguläre Kortex – aktiviert. Dieser Bereich des Gehirns ist sehr stark für die Top-down-Kontrolle der Aufmerksamkeit verantwortlich. Wenn Sie die absichtsvolle Konzentrierung Ihrer Aufmerksamkeit üben – so wie Sie es jetzt tun –, dann ist dieser Teil des Gehirns aktiver und beschäftigter.

Wir können dies mit dem Gewichtheben vergleichen. Wenn Sie ein Gewicht heben, so dass der Oberarmmuskel, der Bizeps, aktiviert wird, dann wird dieser Muskel mehr arbeiten, was die Blutzufuhr fördert. So ist es auch im Gehirn: Wenn ein bestimmter Teil des Gehirns aktiver ist, dann benötigt er mehr Blut, damit dort mehr Sauerstoff und Glucose verfügbar sind. In MRT-Aufnahmen kann man deshalb sehen, dass dieser Teil des Gehirns heller erscheint.

Bisher habe ich nur über vorübergehende Veränderungen gesprochen, also darüber, wie mentale Aktivität zu vorübergehenden Veränderungen bei der neuronalen Informationsverarbeitung führt. Das Gehirn und der Geist sind eng miteinander verbunden, weil mentale Aktivität eine zugrunde liegende neuronale Aktivität voraussetzt. Wiederholte Veränderungen der neuronalen Muster führen aber zu bleibenden Veränderungen der neuronalen Struktur. Das bedeutet, dass wiederholte Muster der

mentalen Aktivität nach und nach das Gehirn verändern können. Ein Beispiel dafür sind Menschen, die regelmäßig Entspannung üben. Bei ihnen konnte die Veränderung der Genexpression nachgewiesen werden. Gene sind kleine Abschnitte in den langen spiralförmigen Molekülen der DNA innerhalb des Zellkerns der Neurone im Gehirn. Menschen, die sich regelmäßig entspannen, zeigen eine Expression, Aktivierung oder Wirkung dieser Gene, die mit zunehmender Resilienz oder innerer Widerstandskraft assoziiert wird. Der Grund liegt darin, dass diese aktivierten Gene die Kampf-oder-Flucht-Reaktion im Körper und im Geist beruhigen.

Wenn wir wiederholt mit einem Teil unseres Gehirns arbeiten, wie in dem Beispiel vorher mit dem vorderen Teil des cingulären Kortex, dann verdicken sich bestimmte Schichten des Kortex, der äußersten Hülle des Hirngewebes. In den Worten des kanadischen Psychologen Donald Hebb kann man auch sagen: Neurone, die zusammen aktiviert werden, verbinden sich (*Neurons that fire together, wire together*).

Es gibt noch weitere Beispiele dafür, dass wiederholte Muster mentaler Aktivität zu bleibenden Veränderungen der neuronalen Struktur führen. Ein bekanntes Beispiel, das ich sehr mag, weil ich schon oft in London war, sind die Taxifahrer dort, die sich all die verschlungenen Straßen

der Stadt merken müssen. Am Ende ihrer Ausbildung haben sie einen messbar dickeren Hippocampus, weil uns dieser Bereich des Gehirns dabei hilft, neue Erinnerungen zu bilden, insbesondere für den Kontext oder für Orte. Er ist also sehr stark an der visuell-räumlichen Erinnerung beteiligt, mit anderen Worten, der Erinnerung an die verschlungenen Straßen Londons. Die Taxifahrer haben diesen bestimmten „Muskel" in ihrem Gehirn trainiert, als Folge dessen wurde er deutlich größer.

Wir kommen nun zur dritten Erkenntnis in Verbindung mit dem Geist und dem Gehirn. Die erste Erkenntnis war, dass sich das Gehirn verändert, wenn sich der Geist verändert, die zweite, dass sich der Geist verändert, wenn sich das Gehirn verändert. Die dritte Erkenntnis, die sich daraus ableitet, besteht nun darin, dass wir unseren Geist nutzen können, um unser Gehirn zu verändern und dadurch wiederum unseren Geist zum Besseren zu verändern. Dies können wir als „selbstgesteuerte Neuroplastizität" bezeichnen.

Selbstgesteuerte Neuroplastizität

Neuroplastizität ist die grundlegende Fähigkeit des Gehirns, sich selbst zu verändern. Die erfahrungsabhängige Neuroplastizität, also die Art und Weise, wie sich das Gehirn aufgrund bewusster Erfahrung verändern kann, eröffnet uns weitreichende Möglichkeiten. Im Sinne dieser dritten Erkenntnis über das Gehirn können wir unseren Geist geschickt nutzen, um das Gehirn so zu verändern, dass auch unser Geist wieder verändert wird. Wir können also allein durch mentale Aktivität die neuronalen Netze stimulieren und stärken, die den positiven Qualitäten, inneren Kraftquellen und dem Glück des Geistes und des Herzens zugrunde liegen, die wir in unserem Leben für uns selbst und für andere Menschen kultivieren möchten.

Es gibt einen alten Spruch, der besagt, dass der Geist die Form dessen annimmt, was seine Grundlage ist – mag sie positiv oder negativ sein. Die moderne Version dieser Aussage könnte so lauten: Unser Gehirn nimmt die Form dessen an, worauf wir regelmäßig unseren Geist richten. Wenn wir unseren Geist also regelmäßig mit nachtragenden Gedanken, Selbstkritik oder Vorwürfen gegen andere erfüllen, dann wird im Laufe der Zeit

unser Gehirn – gemäß dem Grundsatz „Neuronen, die zusammen aktiviert werden, verbinden sich" – eine Form annehmen, die sich in zunehmender Anfälligkeit für Stress und einer Abnahme stimmungsaufhellender Neurotransmitter wie Serotonin zeigt. Darüber hinaus wird sich auch eine stärkere Sensibilität für Stress entwickeln, weil das Gehirn mit der Zeit immer stärker für die Erfahrungen sensibilisiert wird, die es regelmäßig macht. Wenn wir den Geist stattdessen auf die alltäglichen Erfahrungen richten, die gut und positiv sind, dann wird das Gehirn eine andere, positivere Form annehmen: zum Beispiel das Gefühl, dass wir etwas erreicht haben – sei es den Abwasch erledigt, die E-Mails beantwortet oder ein Arbeitsprojekts beendet haben. Das Gehirn wird auch eine andere, positivere Form annehmen, wenn wir für unsere guten Eigenschaften Wertschätzung erhalten oder uns am Glück anderer erfreuen. Oder wir freuen uns einfach über den freundlichen Blick oder das Lächeln eines Menschen. Das Gehirn wird dadurch Resilienz entwickeln und es werden neuronale Netze gestärkt, die sich in unserem Leben positiv auswirken, weil sie uns helfen, auch in schwierigen Situationen Stärke zu zeigen.

Unser Gehirn ist also wie ein Videorekorder: Um die positiven Erfahrungen in das Gehirn aufzunehmen und sie einzuprägen, müssen wir

sie zunächst abspielen, diese Erfahrungen also wirklich machen. Zu diesen positiven Erfahrungen gehören die inneren Stärken Glück, liebende Güte, Mitgefühl, Selbstvertrauen, Resilienz, Willenskraft, Entschlossenheit, Einsicht, Weisheit, Achtsamkeit und Konzentrationsfähigkeit. Forschungen zeigen, dass etwa ein Drittel unserer inneren Stärken angeboren sind, also von unseren biologischen Voraussetzungen, unserer DNA und unserem Temperament abhängig sind. Aber die anderen zwei Drittel erlangen wir erst im Laufe unseres Lebens.

Dabei stehen wir in der Verantwortung, denn wir müssen uns dafür entscheiden, die inneren Stärken im Laufe unseres Lebens auszubilden. Diese inneren Stärken entwickeln wir vor allem dadurch, dass wir positive Erfahrungen mit ihnen machen. Dadurch können wir in diesen wunderbaren Kreislauf eintreten, bei dem wir zunächst eine positive Erfahrung machen, sie in uns aufnehmen und dann in unser Gehirn einprägen. Durch diese Schritte beim Aufnehmen des Positiven werden viele Neuronen zusammen aktiviert, so dass sie sich miteinander verbinden. Wenn diese innere Stärke etwas mehr in unser Gehirn aufgenommen wurde, können wir das nächste Mal, wenn wir sie brauchen, leichter darauf zurückzugreifen. Mit anderen Worten, es fällt uns leichter, sie

wieder zu aktivieren. Wenn wir die innere Stärke wieder aktivieren und sie erfahren, haben wir die Gelegenheit, sie erneut aufzunehmen, und in einer schwierigen Situation wird sie uns leichter zugänglich sein. Ganz natürlich können wir mit mehr Selbstvertrauen darauf zurückgreifen, sind geduldiger und kapitulieren nicht so schnell bei Schwierigkeiten. Wenn wir also nach und nach unseren Geist auf diese positiven Erfahrungen richten, insbesondere die Erfahrungen der inneren Stärken, die wir in uns entwickeln wollen, dann wird das Gehirn eine Form annehmen, die diese Stärke, Weisheit, Liebe und dieses Glück unterstützt. Dies allein ist ein wichtiger Grund, um das Aufnehmen des Positiven als Praxis zu üben – und sei es nur ein paar Mal am Tag für wenige Minuten.

Aber es gibt noch einen anderen wichtigen Grund für das Aufnehmen des Positiven, den ich ganz zu Beginn dieses Programms erwähnt habe. Aufgrund der Notwendigkeit, im Laufe der Evolution zu überleben, ist unser Gehirn sehr gut darin, aus negativen Erfahrungen zu lernen, aber sehr schlecht darin, aus guten Erfahrungen zu lernen. Es braucht bewusste Hilfe, um positive Erfahrungen zu positiven neuronalen Strukturen werden zu lassen.

Das Gehirn und die Evolution

Nun möchte ich über das Gehirn – und damit auch über uns Menschen – im Kontext der Evolution sprechen. Wir wissen, dass es seit 3,5 Milliarden Jahren Leben auf unserem Planeten gibt und mehrzellige Organismen seit etwa seit 600 Millionen Jahren. Diese Organismen waren nach weiteren 50 Millionen Jahren komplex genug, dass ihr motorisches und ihr sensorisches System miteinander kommunizieren konnten. Zu dieser Zeit entstand das Nervensystem als ein Informationsnetzwerk, das in diesen frühen Lebewesen Informationen zwischen den sensorischen und den motorischen Systemen austauschte. Das Nervensystem hat sich also über einen unglaublich langen Zeitraum entwickelt. Säugetiere entstanden vor ungefähr 200 Millionen Jahren und Primaten vor etwa 40 Millionen Jahren. Hominiden, die Steinwerkzeuge bearbeiteten, lebten vor etwa 2,5 Millionen Jahren. Und vor 150.000 oder 200.000 Jahren entwickelten sich die modernen Menschen. Was für eine lange und außergewöhnliche Reise!

Während dieser ganzen Zeit hat sich Mutter Natur nur auf eine Sache konzentriert: Wie können Gene weitergegeben werden? Stellen Sie sich

vor, Sie wären eine kleine Kreatur in den Zeiten von „Jurassic Park", vor etwa 65 Millionen Jahren, als die Dinosaurier die Erde beherrschten. Zu dieser Zeit mussten wir, um zu überleben, Gefahren vermeiden und Vorteile erjagen. Zu den Gefahren gehörten Raubtiere oder Naturkatastrophen und zu den Überlebensvorteilen gehörten Nahrung oder Partner, um Nachkommen zu zeugen. Der Unterschied zwischen den Gefahren und den Vorteilen besteht darin, dass man noch eine zweite Chance hat, wenn man heute keinen der Vorteile ergattert. Aber wenn man einer akuten Gefahr nicht ausweichen kann, dann ist es für immer mit den Überlebensmöglichkeiten vorbei.

Das Gehirn hat deshalb in der Evolution nach und nach einen Fokus auf das Negative entwickelt. Wissenschaftler bezeichnen diese Haltung als „Hang zum Negativen" (Negativitätsbias), der sich in unserem Leben durch viele sehr umfassende und tief reichende Einflüsse zeigt. Das Gehirn sucht zum Beispiel immer nach schlechten Nachrichten, es achtet ständig auf mögliche Gefahren, mögliche Verluste und mögliche interpersonelle Konflikte. Wenn es eine dieser Gefahren, eine negative Nachricht zum Beispiel, gefunden hat, dann konzentriert es sich vollkommen darauf. Das Leben ist zwar ein Mosaik mit unendlich vielen

verschiedenen Steinchen, aber wenn das Gehirn mit seinem Tunnelblick diese eine negative Nachricht entdeckt, dann konzentriert es sich sofort darauf und blendet den Rest aus. Dann reagiert es extrem stark auf das Negative. Wenn gleich intensive positive oder negative Stimuli – gleich laut, gleich hell – vorhanden sind, reagiert das Gehirn immer stärker auf die negativen Stimuli, obwohl die positiven genauso intensiv sind. Es reagiert also übermäßig auf das Negative und speichert es dann bevorzugt und besonders schnell im Gedächtnis, so dass diese Reaktionen leichter abrufbar sind. Die positiven Erfahrungen hingegen werden meist im gewöhnlichen Gedächtnis gespeichert. In diesem gewöhnlichen Gedächtnis werden aufgenommene Informationen in einer Art Puffer gespeichert, der unser Kurzzeitgedächtnis enthält. Diese neue Information, diese neue Idee, die neue Empfindung im Körper, die in diesem Kurzzeitpuffer gehalten wird, wird erst nach zehn oder zwanzig Sekunden in das Langzeitgedächtnis aufgenommen. Das Problem aber ist, dass wir selbst dann, wenn wir eine positive Erfahrung nach der anderen machen – mit einigen neutralen Erfahrungen dazwischen –, oft nicht für zehn oder zwanzig Sekunden bei einer dieser positiven Erfahrungen verweilen, so dass sie ins Langzeitgedächtnis aufgenommen werden

kann. Die meisten Menschen tun das nicht und deshalb wird das Gehirn abweisend gegenüber positiven Erfahrungen und anziehend für negative Erfahrungen. So wird es also nach und nach für negative Erfahrungen sensibilisiert, unter anderem durch die neuronalen Pfade, über die wir schon gesprochen haben, wobei Stresshormone wie Cortisol mit der Zeit den Hippocampus schwächen und die Amygdala sensibilisieren. Deshalb bleiben uns diese zunehmend negativen Erfahrungen erhalten.

Dieser Prozess hat viele praktische Implikationen. An einem Tag erleben wir vielleicht zehn Situationen mit unserem Partner oder einem Arbeitskollegen, davon sind fünf Situationen angenehm, vier sind neutral und eine Situation ist unangenehm oder negativ. Über welche dieser Situationen werden Sie wohl nachdenken, bevor Sie ins Bett gehen? Es ist ziemlich sicher die negative. Oder ein anderes Beispiel: Wenn wir fünf Dinge über einen Menschen hören, wovon eine Aussage negativ ist, dann erinnern wir uns gewiss an genau diese. Deshalb konzentriert sich auch politische Propaganda auf das Negative, weil wir uns an negative Aspekte anderer Menschen am besten erinnern. Auch wenn wir etwas Schlechtes über einen ansonsten sehr geachteten Menschen hören, dann sinkt dieser sofort in unserem Ansehen. Aber wenn wir etwas Gutes über

einen Verbrecher hören, dann sind wir kaum bereit, unsere Meinung über diesen Menschen zu ändern. Etwas Negatives verdunkelt das Positive weitaus mehr, als das Positive das Negative erhellt.

Als Säugetiere haben wir zudem eine große Anfälligkeit für das, was als erlernte Hilflosigkeit bezeichnet wird. Nur einige wenige Erfahrungen von Ausweglosigkeit, Verzweiflung, Niederlage oder Schmerz sind viel wirkungsvoller als drei oder vier oder zehn Mal so viele positive Erfahrungen, in denen wir erfolgreich sind, ausreichend Ressourcen haben und etwas Gutes hervorbringen können. Deshalb ist es so wichtig, genau auf solche Gefühle der Hilflosigkeit zu achten, denn selbst wenn wir in einigen Aspekten einer Situation tatsächlich hilflos sind, können wir unsere Aufmerksamkeit auf Aspekte der Situation richten, durch die wir unsere eigene Lage verbessern können – selbst wenn es nur innerliche Aspekte in unserem Geist sind. In Bezug auf den Hang zum Negativen gibt es Untersuchungen mit Paaren, in denen gezeigt wurde, dass sie ein Verhältnis von fünf positiven Erfahrungen zu einer negativen Erfahrung haben müssen, damit die Partnerschaft intakt bleibt – auch wenn sie schon lange zusammen sind. Eine negative Interaktion ist also genauso stark oder gar stärker als fünf positive Erfahrungen!

Es gibt natürlich auch so etwas wie einen Hang zum Positiven, vor allem bei persönlichen Erinnerungen, durch die wir schmerzvolle oder traumatische Erfahrungen in der Vergangenheit überdecken können, so dass wir uns nur noch an die positiven erinnern. Zudem neigen Menschen bei der Vorhersage ihrer Zukunft sehr stark zum Positiven. Eine Studie kam zu dem Ergebnis, dass 87 Prozent der Teenager dachten, dass sie später einmal Rockstar oder Profisportler sein werden. Es gibt also auch diese innere Ausrichtung, in der wir alles durch eine rosarote Brille sehen. Aber wenn wir das ganze Bild betrachten, insbesondere in Bezug auf emotionale Erinnerung und das tatsächliche Handeln der Menschen, dann ist der Hang zum Negativen im Gehirn viel stärker als die Neigung zum Positiven.

Hier sehen wir die Schwierigkeit: Wir brauchen Ressourcen innerer Stärke wie Glück, Resilienz, Selbstvertrauen, Entschlossenheit, Liebe und Weisheit. Den größten Teil dieser inneren Stärken erwerben wir, sie sind nicht angeboren. Mit anderen Worten, wir bekommen sie, indem wir sie entwickeln. Hier zeigt sich aber auch das Kernproblem: Das Gehirn ist nicht sehr effizient dabei, positive mentale Zustände in grundlegende positive neuronale Eigenschaften zu verwandeln. Deshalb haben

die meisten unserer positiven Erfahrungen wenig oder keine Wirkung auf unser Gehirn. Wenn wir uns nicht die zehn oder zwanzig Sekunden Zeit nehmen, um das Positive aufzunehmen – sei es informell oder in einer formellen Übung –, ist der „Umrechnungskurs" von momentanen positiven mentalen Erfahrungen zu neuronalen Strukturen sehr niedrig oder gar null. Gleichzeitig werden die negativen Erfahrungen, die wir machen, jedes Mal in unser Gehirn aufgenommen.

Das ist die grundlegende Schwierigkeit bei formellen oder informellen Versuchen, Wachstum oder Heilung zu unterstützen, sei es durch Psychotherapie, Achtsamkeitstraining oder wenn wir uns durch das Lesen von Büchern selbst entwickeln wollen. Wenn wir uns nicht die Zeit nehmen, um schwer erarbeitete positive mentale Zustände in grundlegende neuronale Strukturen und damit auch in emotionales Lernen zu verwandeln, dann ist es ehrlich gesagt so, als ob diese positive Erfahrung nie stattgefunden hätte – aus einer Sichtweise, in der die Veränderung des Gehirns zum Besseren das Entscheidende ist. In dem Moment, da wir etwas Positives erfahren, ist es angenehm und schön und viel besser als etwas Negatives. Aber diese Erfahrung hat unser Gehirn nicht dauerhaft verändert.

Wir kommen noch zu einer tieferen Erkenntnis: Das Beobachten unserer Erfahrungen, während sie im Bewusstseinsstrom fließen, ist nicht genug, wenn wir uns selbst wirklich helfen wollen und nach und nach innere Stärken wie Glück, Liebe und Weisheit kultivieren wollen. Wenn wir genauer darüber nachdenken, gibt es nur drei Wege, um mit unserem Geist umzugehen:

Die erste Möglichkeit besteht darin, den Geist einfach zu beobachten, mit ihm zu sein, ohne etwas verbessern zu wollen oder irgendeine Verschlechterung zu verhindern.

Die zweite Möglichkeit liegt darin, das Negative zu verringern.

Und bei der dritten Möglichkeit verstärken wir das Positive.
Wenn der Geist ein Garten wäre, dann würden wir ihn gemäß der ersten Möglichkeit einfach beobachten. Gemäß der zweiten würden wir das Unkraut entfernen und gemäß der dritten Möglichkeit Blumen pflanzen. Zusammenfassend können wir diese drei Möglichkeiten auch so beschreiben:

1. Seinlassen
2. Loslassen
3. Zulassen

Die erste dieser Möglichkeiten, bei der wir einfach mit dem Geist verweilen, ist sehr wichtig. Sie ist die Grundlage der beiden anderen, denn wir müssen erst mit dem Geist verweilen können, um zu wissen, was wir mit dem Geist tun können, um das Negative zu verringern oder das Positive zu vermehren. Wenn wir einfach nur mit dem Geist verweilen, finden wir sofort eine gewisse Distanz zu unserem Geist. Wir sind nicht mehr identifiziert mit dem schlechten Film, der da abläuft. Stattdessen sitzen wir in der hintersten Reihe und denken: Wow, was für ein Film!

Das Verweilen mit unserem Geist und das Beobachten des vorüberziehenden Bewusstseinsstromes kann uns etwas über die flüchtige und vergängliche Natur der Erfahrungen lehren. Dadurch können wir unsere Anhaftung an bestimmten Erfahrungen loslassen, weil wir bemerken, dass sie sich ständig verändern. Dieses Sein im eigenen Geist ist zudem unsere letzte Zuflucht. Manchmal können wir das Negative nicht

vermeiden oder verringern und das Positive nicht hervorbringen oder vermehren. Aber wir können das, was wirklich anwesend ist, beobachten. Das Verweilen mit dem Geist und die Arbeit mit dem eigenen Geist gehen Hand in Hand. Für mich sind es die beiden Flügel der Praxis, denn der Vogel unserer Praxis braucht zwei Flügel, um fliegen zu können.

2

Ein natürlicher Rhythmus

Der natürliche Rhythmus im Umgang mit dem Geist

Im Leben gibt es oft einen natürlichen Rhythmus im Umgang mit dem eigenen Geist, bei dem wir mit etwas Negativem beginnen. Ein Beispiel: Sie kommen nach Hause und Ihr Partner hat etwas getan, das Sie verärgert. Oder Sie haben eine E-Mail oder einen Brief bekommen, mit einer Nachricht, die Sie irritiert, aufregt oder verunsichert. Oder aus irgendeinem Grund kommen schmerzhafte Erinnerungen hoch oder Minderwertigkeitsgefühle, Gefühle der Wertlosigkeit oder Ablehnung erscheinen in Ihrem Geist. Es zeigt sich also etwas Negatives. Im Umgang mit dem

eigenen Geist gibt es einen natürlichen Rhythmus, der damit beginnt, dass wir in der ersten Phase damit verweilen und es sein lassen. Wir versuchen es zu beobachten, zu untersuchen, und wenn wir können, dann treten wir innerlich einige Schritte zurück. Wir geben uns selbst Wärme, Fürsorge und Selbstmitgefühl, während wir das, was sich zeigt, beobachten. Wir spüren die Wurzeln dieser Gefühle in unserer eigenen Lebensgeschichte oder gar in der Kindheit. Und dann kommt irgendwann der richtige Moment, in dem wir erkennen, dass es in diesen negativen Aspekten nichts Neues mehr oder noch zu Lernendes gibt. Wir haben es gesehen, daraus gelernt – oder wir können es einfach nicht mehr ausstehen. Dann bewegen wir uns ganz natürlich zur zweiten Phase: das Negative loslassen. Wir lassen Anspannungen im Körper los oder versuchen, Vorstellungen im Geist loszulassen, die uns unnötig unglücklich machen. Wenn wir dies eine Zeit lang getan haben, kommt auch diese Phase des Loslassens zum Ende. Auch hier gibt es diesen Moment der Einsicht: Es ist genug, ich kann nun weitergehen, um das, was ich losgelassen habe, durch etwas Positives zu ersetzen. Nachdem ich sozusagen aus der Erde meines Geistes das Unkraut entfernt habe, kann ich Blumen pflanzen. Diese letzte Phase ist meines Erachtens besonders wichtig,

weil wir oft nur die erste oder die ersten beiden Phasen beachten. Dann beobachten wir unsere Erfahrung und lassen manchmal auch das Negative los. Doch leider ersetzen wir das Negative oft nicht durch etwas Positives. Aber jeder Gärtner weiß, dass das Entfernen des Unkrauts allein nicht ausreicht. Wenn wir es nicht durch Blumen ersetzen, kommt es einfach wieder.

Hier möchte ich nun eine Praxis anleiten, in der wir uns in diesen natürlichen Rhythmus begeben: Seinlassen, Loslassen und Zulassen. Dabei betonen wir den Aspekt des Zulassens, das Pflanzen der Blumen im Garten unseres Geistes.

Übung 2: Zulassen

Das Aufnehmen des Positiven im Alltag

Diese drei Schritte übe ich sehr oft während des Tages, im Fluss der Dinge, die ich tue. Wenn sich negative Inhalte zeigen und mich etwas irritiert, mich verunsichert oder mir Sorgen macht, dann untersuche ich es in der ersten Phase der Arbeit mit dem Geist. Besonders dann, wenn es bekannte negative Erfahrungen sind, gehe ich recht schnell zur zweiten Phase über und lasse die Inhalte vorbeiziehen und lasse sie los – ich entferne also das Unkraut. Angesichts des Hangs zum Negativen im Gehirn und der Tendenz, sich negative Erfahrungen zu stark einzuprägen, werde ich vorsichtiger mit den Aspekten, auf die ich meine Aufmerksamkeit richte, vor allem wenn es negative Inhalte sind. Oft frage ich mich: „Ist es unterstützend für mich, meine Aufmerksamkeit darauf zu konzentrieren?“ Wenn es sich dann richtig anfühlt, lasse ich diese negativen Inhalte los und nehme die positiven Inhalte auf.

Im Zusammenhang mit dieser Sichtweise unseres Geistes möchte ich in Bezug auf die drei Phasen der Arbeit mit dem Geist noch einige Hinweise geben: Wir sollten nicht zu schnell zur zweiten oder dritten Phase übergehen – ich habe es lange getan, weil ich meine Gefühle nicht

erleben wollte. Wenn wir zur zweiten oder dritten Phase übergehen, aber nicht wirklich ins Loslassen des Negativen oder Zulassen des Positiven kommen, dann sollten wir zur ersten Phase zurückgehen und tiefer mit unserem Geist verweilen. Dies bezieht sich vor allem auf die vertikale Dimension, die ich angesprochen habe, in der wir uns den weicheren, verletzlichen Aspekten zuwenden, die aus unserer Lebensgeschichte bis zurück zur Kindheit kommen können. Diese Phase können wir nicht überspringen und wir sollten sie wertschätzen.

Der zweite Hinweis bezieht sich auf den entgegengesetzten Fehler. Es gibt zwar viele Menschen, die wie ich zu schnell zur zweiten oder dritten Phase übergehen, aber es gibt auch solche, die in der ersten Phase stecken bleiben. Sie verweilen also einfach bei den negativen Inhalten. Aber wenn wir dabei den Punkt überschreiten, bis zu dem das nützlich ist, kann es uns noch mehr im Negativen festhalten. Weil Neuronen, die zusammen aktiviert werden, sich verbinden, verstärken wir die negativen Prägungen in unserem Gehirn.

Vielleicht haben Sie sich inzwischen schon gefragt, ob die Praxis mit dem Aufnehmen des Positiven bedeutet, dass wir einfach das Negative zudecken, uns eine rosarote Brille aufsetzen oder uns nur der Sonnenseite

des Lebens zuwenden. Oder ist es gar ein neues, subtileres Verlangen, eine Sehnsucht oder eine Suche nach positiven Erfahrungen? Das ist natürlich nicht der Fall: Das Aufnehmen des Positiven ist nur eine der drei Phasen. Es ist vielleicht die wichtigste Phase, in der wir absichtsvoll Blumen im Garten des Geistes wachsen lassen, aber wir müssen sie im Kontext verstehen. Zudem wird das Aufnehmen des Positiven erst am Ende eines natürlichen Flusses möglich. Wichtig ist hierbei, dass das Verweilen mit dem Geist die Grundlage ist. Und das Aufnehmen des Positiven gibt uns die inneren Ressourcen, um in der Lage zu sein, tiefer mit unserem Geist zu verweilen. Das Aufnehmen des Positiven ist also nicht der Versuch, das Negative zuzudecken oder zu unterdrücken. Wir nehmen das Positive im Hinblick darauf auf, dass in der Welt viele negative Dinge geschehen – sowohl in unserer Nähe als auch in weit entfernten Gegenden der Welt. Wir tun es aber auch im Hinblick auf die Tatsache, dass das Gehirn in der Evolution gelernt hat, dem Negativen viel mehr Beachtung zu schenken.

Ich möchte auf diese Punkte noch etwas ausführlicher eingehen. Für mich ist es wichtig, sie offen anzusprechen, damit Sie wissen, warum Sie diese Übung machen. Zudem schaffen wir so Ressourcen in uns, die

uns dabei helfen, Zweifel oder Selbstkritik zu überwinden und uns das Gute nicht vorzuenthalten.

Als Erstes möchte ich etwas ansprechen, das ich als „Freundes-Test“ bezeichne. Stellen Sie sich vor, ein Freund, jemand, der Ihnen sehr wichtig ist, hätte die Gelegenheit, eine positive Erfahrung zu machen. Würden Sie sich wünschen, dass er diese Erfahrung auch tatsächlich machen kann? Würden Sie sich zum Beispiel für Ihren Freund wünschen, dass er Gefühle von Glück, Selbstvertrauen oder Erfülltheit empfindet oder sich gesehen, geliebt und wertgeschätzt fühlt? Natürlich würden Sie sich das wünschen. Wenn es aber für einen Freund richtig ist, diese Erfahrungen zu machen, warum sollte es dann für Sie selbst anders sein? In der Psychologie wird eine Haltung, in der wir uns selbst solche positiven Erfahrungen nicht gönnen, als eine Art negative Selbstüberschätzung verstanden. Dabei denken wir, dass wir besonders schrecklich und unwürdig sind, dass die allgemeinen Standards für Freundlichkeit und Güte, die wir allen Wesen zugestehen würden, aus irgendeinem Grund für uns nicht gelten.

Als Zweites möchte ich hervorheben, dass wir durch das Aufnehmen des Positiven eine innere Stärke entwickeln, um mit dem Schlechten besser umgehen zu können. Im Hinblick auf die tatsächlichen

Schwierigkeiten im Leben, sowohl in unserer Nähe als auch an anderen Orten der Welt, ist es wichtig, dass wir die Gelegenheiten nutzen, die uns im Alltag gegeben werden, um innere Ressourcen zu entwickeln. Ressourcen wie Willenskraft, Entschlossenheit, Mut, Durchhaltevermögen, Optimismus oder das Erkennen einer größeren Perspektive können uns dabei unterstützen, mit den negativen Aspekten umzugehen.

Drittens: Das Aufnehmen des Positiven kommt aus einer Demut und Bescheidenheit, die unsere tierische Natur anerkennt. Um wirklich unsere verkörperte Existenz zu würdigen, müssen wir anerkennen und wertschätzen, dass wir einen Körper und ein Gehirn besitzen, die stark durch die tierische Evolution geformt wurden. Diese Prägungen halfen unseren tierischen Vorfahren zu überleben. Eine Folge dieses Einflusses ist der Hang zum Negativen, der vorzugsweise nach schlechten Erfahrungen sucht und diese im genetischen Gedächtnis und damit auch in der neuronalen Struktur speichert. Wenn wir diese Neigung in uns kompensieren wollen, ist es sehr wichtig, dass wir das Positive in uns aufnehmen. Genau genommen hat Mutter Natur das Spielfeld des Lebens etwas zum Negativen geneigt. Wenn wir es nun zum Positiven neigen, haben wir als Folge ein gerades Feld.

Der vierte Punkt, auf den ich hier hinweisen möchte, ist, dass das Aufnehmen des Positiven im Kontext aller drei Phasen der Arbeit mit dem Geist steht: mit dem Geist sein oder verweilen, das Negative reduzieren und das Positive vermehren. Oft ist es so, dass wir das Positive am Ende einer natürlichen Sequenz aufnehmen, von der ich schon gesprochen habe. Dabei verweilen wir zunächst bei einer schmerzvollen, herausfordernden, stressvollen oder schwierigen Erfahrung. Wenn es sich richtig anfühlt, gehen wir zur zweiten Phase der Arbeit mit dem Geist über, zur Phase des Loslassens. Und wenn wir auch hier den angemessenen Punkt erreicht haben, gehen wir zum Aufnehmen des Positiven über, wir ersetzen das, was wir losgelassen haben. Das Aufnehmen des Positiven ist auch eine sehr wirkungsvolle Methode, um innere Ressourcen zu bilden. Das hilft uns wiederum, besser mit dem Geist verweilen zu können, was auch unsere Selbstverwirklichung oder spirituelle Praxis fördert, wenn uns dies interessiert.

Hier ist nun ein guter Moment, um fünf Kernerfahrungen oder innere Stärken genauer zu untersuchen, die uns dabei helfen, mit dem Geist zu verweilen, und die auch unsere Achtsamkeit, Selbstverwirklichung und Meditation oder andere Formen spiritueller Praxis unterstützen, wenn dies für uns von Interesse ist. Diese fünf Kernerfahrungen oder inneren Stärken sind Mitgefühl, Güte, Freude über das Glück anderer, Ruhe oder Gelassenheit und Einsicht oder Weisheit. Im Folgenden werden wir eine Übung mit dem Aufnehmen des Positiven für jede dieser Kernerfahrungen oder inneren Stärken machen. Sie können diese Übungen nacheinander in der Reihenfolge, die ich Ihnen vorgebe, machen oder einfach jedes Mal nur eine davon. Wie bei jeder Übung gehen Sie bitte freundlich mit sich selbst um.

Sie können die Übung mit geschlossenen oder geöffneten Augen machen, was immer Ihnen am besten erscheint. Bei jeder dieser Übungen führe ich Sie durch die ersten drei grundlegenden Schritte

beim Aufnehmen des Positiven: eine positive Erfahrung machen, sie vertiefen und sie schließlich verinnerlichen. Mit der Zeit werden meine Empfehlungen einfacher und kürzer werden, während Sie in der Praxis mit dem Aufnehmen des Positiven immer sicherer werden.

Übung 3: Mitgefühl

Übung 4: Güte

Übung 5: Freude über das Glück anderer

Übung 6: Gelassenheit

Übung 7: Einsicht und Weisheit

Der innere Zoo des Gehirns

Auf der Grundlage dieser Übungen können wir unsere Perspektive erweitern, indem wir überlegen, wie sich das menschliche Gehirn entwickelt hat. Wir werden die drei Grundbedürfnisse betrachten und die zwei Modi des Gehirns kennenlernen, durch die wir diesen Bedürfnissen gerecht werden können. Und wir untersuchen die eine Praxis, die wichtiger als alle anderen ist und uns hilft, in unserer grundlegenden Natur anzukommen: Frieden, Erfülltheit und Liebe.

Die biologische Evolution ist ein sehr nützliches Bezugssystem, um das Leben auf dem Planeten und unsere eigene menschliche Natur zu verstehen. Um hier eine komplexe evolutionäre Reise zu vereinfachen, können wir kurz feststellen, dass sich im Laufe von 600 Millionen Jahren das Nervensystem entwickelte. Dabei bildete sich das Gehirn in drei grundlegenden Schritten, so als würde man ein dreistöckiges Haus bauen. Der erste Stock des Hauses ist der Hirnstamm. Der zweite Stock im Haus des Gehirns ist ein Bereich, der als Subkortex bezeichnet wird, wozu die Basalganglien, die Amygdala und der Hippocampus gehören. Der dritte Stock des Gehirns, der sich als Letztes entwickelt hat, umfasst den Kortex, der den Subkortex umgibt, der selbst wiederum auf dem Hirnstamm sitzt.

Mit diesen drei Stockwerken des Gehirns sind die drei Stufen der Evolution der Tiere verbunden. Die Evolution der Reptilien ist mit dem ersten Stockwerk des Gehirns, dem Hirnstamm, verbunden. Die Evolution der Säugetiere ist mit dem Subkortex verbunden. Und die Evolution der Primaten und Menschen steht sehr stark mit dem dritten Stockwerk, dem Kortex, in Verbindung. Parallel zu dieser Evolution der drei Stockwerke des Gehirns bildeten sich auch die drei Zweige des sehr wichtigen Vagusnervs. Der erste Zweig des Nervus Vagus ist mit den Funktionen des Hirnstammes verknüpft. Der zweite Zweig des Vagus wird mit den Funktionen des Subkortex assoziiert. Und der dritte Zweig des Vagus ist mit den Funktionen des Kortex verbunden.

Nun können wir diese verschiedenen Elemente zusammenbringen und uns fragen: Was ist der Grund für diese aufwendige Architektur? Mit der Entwicklung des Hauses des Gehirns entwickelte sich auch unsere Fähigkeit, drei grundlegenden Motivationen gerecht zu werden: Gefahren vermeiden, Vorteile erreichen und uns mit anderen verbinden. Dadurch können wir unsere drei Grundbedürfnisse – Sicherheit, Zufriedenheit und Verbundenheit – erfüllen.

Das erste Stockwerk im Haus des Gehirns, der Hirnstamm, konzentriert sich vor allem auf das erste Bedürfnis: Gefahren vermeiden. Denn das oberste Gesetz in der Wildnis heißt: Finde etwas zum Essen und werde nicht von anderen gefressen. Das zweite Stockwerk des Gehirns, der Subkortex, konzentriert sich sehr stark darauf, Vorteile zu erreichen. Dafür werden immer effektivere Möglichkeiten entwickelt, sowohl beim Finden solcher Vorteile als auch durch die Nutzung immer weiter verfeinerter Emotionen, um zielgerichtetes, motiviertes Verhalten zu steuern.

Dabei übernimmt der erste Zweig des Vagus, der mit der Funktion des Hirnstamms verbunden ist, die sogenannten parasympathischen Funktionen. Diese bestehen in der Verhinderung von Handeln, in Rückzug und Bewegungslosigkeit – bis zum Erstarren oder Sichtotstellen. Der zweite Zweig des Vagus, der mit dem zweiten Stockwerk des Hauses des Gehirns und der Evolution der Säugetiere verbunden ist, unterstützt uns dabei, im Verfolgen unserer Ziele Energie zu mobilisieren. Denn hier wollen wir Vorteile erreichen, was durch den sympathischen Aspekt des autonomen Nervensystems ermöglicht wird. Diese sympathische Reaktion erregt und mobilisiert uns, um zu fliehen oder zu kämpfen.

Im dritten Stockwerk im Haus des Gehirns, das mit der Evolution der Primaten und Menschen verbunden ist, sehen wir einen starken Fokus auf unser drittes Grundbedürfnis: Beziehung, Verbundenheit und Liebe. Hiermit steht der dritte Zweig des Vagus in Verbindung, wobei die Ausläufer des Vagusnervs bis in den Kehlkopf reichen und den Ausdruck der Stimme, die Prosodie, kontrollieren. Dadurch können wir besser mit anderen Menschen kommunizieren. Ausläufer des dritten Zweiges des Vagus reichen auch bis ins Innenohr, wodurch wir die Stimmlage anderer Menschen und dadurch deren subtile Botschaften wahrnehmen können. Sie reichen auch bis in unser Gesicht, was uns Menschen das ausdrucksstärkste Gesicht unter den Tieren gibt.

In Bezug auf die Einrichtung des dritten Stockwerks im Haus des Gehirns, des Kortex, sollten wir die wissenschaftliche Theorie der Evolution des sozialen Gehirns beachten. Man geht davon aus, dass in den letzten Millionen Jahren die Vorteile bei der Fortpflanzung und die Überlebensvorteile durch Beziehungen wahrscheinlich die wichtigsten Triebkräfte der Evolution des Gehirns waren. Während Gruppen von Primaten sich weiterentwickelten, wurde der Kortex im Verhältnis zum Körpergewicht umso dicker, je sozialer sich die Spezies verhielt. Und seit sich

vor etwa 2,5 Millionen Jahren die frühen Menschen oder Hominiden entwickelten und die ersten Steinwerkzeuge herstellten, hat sich das Gehirn in seiner Größe verdreifacht. Dabei wurde es sehr stark von evolutionären Herausforderungen geformt, die von frühen Menschen verlangten, ihre Beziehungen zu vertiefen. In den letzten 2,5 Millionen Jahren haben wir Beziehungsfunktionen wie Empathie, Sprache, kooperatives Planen, die Bindung der Väter an den Nachwuchs, die Entwicklung von Freundschaft und komplizierte Verbindungen entwickelt, um die Bedingungen zu schaffen, die man braucht, um ein Kind großzuziehen.

Fassen wir noch einmal kurz zusammen: Wir besitzen ein Gehirn mit den drei Schichten des Hirnstamms, des Subkortex und des Kortex. Diese drei Schichten stehen mit den Phasen der Evolution der Reptilien, der Säugetiere und der Menschen in Verbindung. Sie sind auch mit unseren drei Grundbedürfnissen assoziiert: Gefahren vermeiden, Vorteile erreichen und sich mit anderen verbinden. In jedem von uns gibt es also eine Art von innerem Zoo. In Anbetracht unserer biologischen Natur müssen wir vereinfacht gesagt die Eidechse streicheln, die Maus ernähren und den Affen umarmen.

Der empfängliche Modus des Gehirns

Unser Gehirn hat zwei grundverschiedene Wege, diese zutiefst wichtigen Aufgaben zu erfüllen. Um diese zwei sehr verschiedenen Wege zu verstehen, durch die unser Gehirn unsere Bedürfnisse erfüllt, möchte ich zunächst über eine Gefühlsqualität sprechen, die allen Erfahrungen zugrunde liegt. Aufgrund dessen, was in unserem Körper und Geist und außerhalb von uns geschieht, schafft unser Gehirn in jedem Moment eine Gefühlsqualität, die besagt, dass diese Erfahrungen entweder angenehm, unangenehm, neutral oder herzlich sind. Die Qualitäten angenehm, unangenehm und neutral können wir leicht nachvollziehen. Wir wissen alle, dass ein Schokoladenkeks angenehm, der Geschmack einer bitteren Medizin unangenehm und der Geschmack von Wasser neutral ist. Aber wann bezeichnen wir etwas als „herzlich"? Meiner Ansicht nach verbindet sich hier unsere zutiefst soziale Natur mit der Veränderung großer Bereiche des Kortex zur Ausführung sozialer Aufgaben. Während der letzten hunderttausend Jahre ist dadurch bei den modernen Menschen eine Gefühlsqualität entstanden, die Erfahrungen anzeigt, die eine herzliche Qualität haben. Das bedeutet, dass diese Erfahrungen

besonders mit Beziehungen in Verbindung stehen. Die Funktion dieser Gefühlsqualität besteht darin, unser Verhalten zu steuern, denn es ist eine sehr wirksame Weise, wie das Gehirn einem Tier signalisieren kann, was es tun sollte. Wenn sich etwas angenehm anfühlt, dann wird das Tier eher dazu geneigt sein, es zu fressen, sich mit ihm zu paaren oder ihm hinterherzulaufen. Wenn sich aber etwas unangenehm anfühlt, dann wird das Tier eher weglaufen, dagegen kämpfen oder erstarren. Wenn sich etwas neutral anfühlt, dann wird das Tier nicht lange dabei verweilen und weiterlaufen, bis etwas Angenehmes oder Unangenehmes seine Aufmerksamkeit fesselt.

Wenn Erfahrungen eine herzliche Gefühlsqualität haben, dann werden die neuronalen Netze des Beziehungs- und Bindungssystems im Gehirn und unsere sozialen Fähigkeiten aktiviert, um mit dieser Situation, diesem Stimulus oder diesem Ereignis umgehen zu können, das eine herzliche Qualität hat. Sobald diese Gefühlsqualität gebildet wurde – angenehm, unangenehm, neutral oder herzlich –, muss das Gehirn darauf antworten. Nun kommen wir zu einer wichtigen Unterscheidung: Wenn es ein grundlegendes Gefühl gibt, dass unsere Bedürfnisse weitgehend erfüllt sind, dann begibt sich das Gehirn in seinen empfänglichen

Modus, den ich manchmal auch als „grünen Bereich" bezeichne. In diesem empfänglichen Modus des Gehirns repariert und erneuert sich das Gehirn nach stressvollen Aktivitäten. Der Geist ist in Bezug auf unsere drei Grundbedürfnisse nach Sicherheit, Zufriedenheit und Verbundenheit mit einer Qualität von Frieden, Erfülltheit und Liebe durchdrungen.

In diesem Modus erleben wir ein starkes Gefühl von Entspannung und Gelassenheit, wobei der parasympathische Teil des autonomen Nervensystems aktiv ist, der für Ruhe und Verdauung zuständig ist. Wenn wir aber ein starkes Gefühl von Vitalität, Begeisterung und Enthusiasmus erleben, dann geht damit eine Aktivierung des sympathischen Teils des autonomen Nervensystems einher. In beiden Fällen gibt es ein grundlegendes Gefühl dafür, dass unsere Bedürfnisse erfüllt sind, und es gibt kaum Gefühle des Mangels oder der Unruhe. Zudem zeigt sich eine Art Hintergrundqualität mit positiven Emotionen. Der empfängliche Modus ist der Ruhezustand, es ist unser Ausgangspunkt, unsere Heimat. Und es ist sehr gut, immer wieder nach Hause zu kommen. Der empfängliche Modus unterstützt Körpersysteme wie das Immunsystem oder das endokrine System bzw. das Hormonsystem. Und in diesem empfänglichen Modus können wir uns von starker Aktivität erholen und uns auf

zukünftige Herausforderungen vorbereiten. Der empfängliche Modus fühlt sich gut an, weil Mutter Natur uns damit sagt, dass diese innere Qualität gut ist. Denn sie möchte, dass Tiere und wir Menschen diesen empfänglichen Seinsmodus finden.

Im Geist hat dieser empfängliche Modus die drei Qualitäten von Frieden, Erfülltheit und Liebe. Durch diese Qualitäten können wir ein tiefes Gefühl des Wohlergehens, der Fülle und Befriedigung erfahren und sie führen auch zu Freundlichkeit und Fürsorge gegenüber anderen.

Wenn wir in Beziehungen mit anderen in einer empfänglichen Weise interagieren, wozu sicher eine innere Stärke und angemessene Grenzen, aber auch ein Gefühl von Empathie, Freundlichkeit und Fürsorge gehören, dann sind wir auf dem besten Weg zu gesunden Beziehungen. Wir haben dann auch eine gute Grundlage, um mit Schwierigkeiten in Beziehungen positiv umgehen zu können.

Unsere Grundbedürfnisse von Sicherheit, Zufriedenheit und Verbundenheit sind erfüllt. In den drei entsprechenden Systemen des Gehirns – dem System für Vermeidung von Gefahren, dem System für das Erreichen von Vorteilen und dem System für Verbindung mit anderen – gibt es keinen Mangel.

Im empfänglichen Modus gibt es in Bezug auf das System der Vermeidung von Gefahren wenig Widerstand. In Bezug auf das System des Erreichens von Vorteilen gibt es wenig Festhalten. Und in Bezug auf das System der Verbindung mit anderen gibt es wenig Anhaftung.

Im empfänglichen Modus gibt es also kaum Verlangen oder Gier, da es keinen Mangel und keine Unruhe gibt, die die zugrunde liegenden biologischen und neuropsychologischen Grundlagen der Gier sind (und die traditionell als der Auslöser von Leiden und Verletzung gesehen werden).

Der empfängliche Modus ist kein lichtvoller Zustand, der mit Erleuchtung gleichzusetzen wäre. Dafür müssen wir Einsicht, gute Absichten und Tugenden entwickeln, um innerlich zu wachsen. Aber als ein grundlegender Ausgangspunkt für die Wirksamkeit im Alltag, die Heilung alter Verletzungen, für Wohlergehen, Selbstverwirklichung oder den Ausdruck der tieferen Dimensionen des menschlichen Potentials ist der empfängliche Modus sehr unterstützend.

Der reaktive Modus des Gehirns

Es gibt noch einen zweiten Modus des Gehirns, den uns Mutter Natur gegeben hat, um unser Überleben zu sichern. Dies ist der reaktive Modus des Gehirns, den ich auch als „roten Bereich“ bezeichne. Wenn wir in Zusammenhang mit unseren drei Grundbedürfnissen nach Sicherheit, Zufriedenheit und Verbundenheit ein zugrunde liegendes Gefühl von Mangel oder Unruhe erfahren, verändern sich auch die Gefühlsqualitäten von angenehm, unangenehm, neutral und herzlich.

Wenn wir also Mangel oder Unruhe erfahren, dann aktiviert das Gehirn den roten Bereich des reaktiven Modus. Darin werden die Ressourcen des Körpers schneller verbrannt, als sie aufgenommen werden. Langfristige Prozesse im Körper wie die Stärkung des Immunsystems, die Verdauung oder die Unterstützung des Nervensystems werden unterbrochen. Der Geist wird im Zusammenhang mit diesen drei Grundbedürfnissen von einer Qualität von Angst, Enttäuschung und Kummer gefärbt. Dies beeinflusst auch die drei Systeme von Vermeiden, Erreichen und Verbinden, denn in diesem reaktiven Modus gibt es ein grundlegendes Gefühl von Widerstand, Festhalten und Anhaften, also mit einem

Wort: Gier. Der reaktive Modus ist manchmal sicher eine angemessene kurzfristige Lösung, wenn wir aus einem brennenden Haus flüchten oder jemanden aus einem Fluss retten. Aber diese positiven Aspekte sind immer auch mit negativen Folgen verbunden. Der reaktive Modus fühlt sich unangenehm und schlecht an. Angst, Wut, Enttäuschung, Frustration, Einsamkeit, Scham oder Minderwertigkeitsgefühle sind nicht angenehm. Es fühlt sich schlecht an, weil der reaktive Modus uns schadet. Mutter Natur will uns also nicht dazu verleiten, in diesem reaktiven Modus zu bleiben. Das normale biologische Muster besteht darin, kurze Ausbrüche der reaktiven Aktivierung zu erleben, denen lange Phasen der Erholung im empfänglichen Modus folgen. Mit anderen Worten: Wir sollten nur kurz in den roten Bereich gehen, um dem angreifenden Löwen zu entkommen, und dann wieder schnell zum Ausgangspunkt zurückkommen, denn wir brauchen eine lange Zeit im grünen Bereich, um uns von diesem Ausbruch im roten Bereich zu erholen.

In der Wildnis kommen die meisten reaktiven Phasen schnell zu einem Ende, je nachdem, wie es ausgeht. Aber im modernen Leben müssen wir nicht mehr schreiend und in Todesangst vor Raubtieren fliehen. Doch leider haben wir sehr viele stressvolle Erfahrungen. Und zwischen diesen

stressvollen Phasen bleibt kaum Zeit zur Erholung. Das ist eine radikale Abweichung vom biologischen evolutionären Muster und führt heute im 21. Jahrhundert zu einem außergewöhnlichen Experiment, das es in der menschlichen Geschichte noch nie gegeben hat. Und für dieses Experiment gibt es keine Vergleichswerte und keine Kontrollgruppe. Die Folge ist die Anhäufung von dem, was Wissenschaftler als „allostatische Last" bezeichnen. Der empfängliche Modus ist homöostatisch, was bedeutet, dass ein nachhaltiges Gleichgewicht entsteht. Aber der reaktive Modus ist nicht für lange Phasen gedacht, er sollte nur ein kurzer Ausbruch von Aktivität sein. Wenn dieser Zustand aber aufrechterhalten wird, dann sammeln der Körper und der Geist eine Art Belastung an, eben die allostatische Last. Im Körper führen häufige reaktive Erfahrungen ohne ausreichende Erholungsphasen nach und nach zu einer Schwächung des Immunsystems, einer Störung der Verdauung und des hormonellen Gleichgewichts. Zudem bekommt das Gehirn in ungenügendem Maße wichtige Neurotransmitter wie Serotonin. Im Geist gibt es ein Gefühl von Angespanntheit, Gereiztheit und Verzweiflung oder wir machen uns ständig Sorgen, haben das Gefühl, dass wir nicht genug bekommen oder nicht gut genug sind, und wollen mehr von etwas. Oder wir spüren Isolation,

Einsamkeit oder Distanz in wichtigen Beziehungen. Oder wir spüren, dass die positiven Aspekte in einer Beziehung wie eine „wässrige Suppe“ sind. Reaktive Momente in Beziehungen führen oft zu einem Teufelskreis, denn wenn wir reaktiv reagieren und rot sehen, werden oft auch andere Menschen in diesen roten Bereich hineingezogen. Wenn sie nun ebenfalls reaktiv auf uns reagieren, dann werden wir erst recht irritiert und reagieren weiter aus dem roten Bereich. Währenddessen bildet sich auch im Körper-Geist-System ein Teufelskreis: Wenn wir etwas Negatives erleben, folgt daraus im Gehirn eine zunehmende Sensibilisierung für negative Erfahrungen. Durch Rückkoppelungsschleifen, an denen Cortisol beteiligt ist, wird die Amygdala, die Alarmglocke des Gehirns, immer sensibler. Und der Hippocampus, der Teil des Gehirns, der Dinge in einen größeren Kontext setzen und die Amygdala – und damit auch die Freisetzung von Stresshormonen – beruhigen kann, wird immer schwächer. Deshalb lassen uns reaktive Phasen heute noch anfälliger und sensibler für reaktive Auslöser werden, die wir morgen erleben. Diese wiederum lassen uns dann übermorgen noch viel reaktiver reagieren …

Wir besitzen also diese drei Grundbedürfnisse nach Sicherheit, Zufriedenheit und Verbundenheit und die drei miteinander verbundenen

Systeme, durch die wir Gefahren vermeiden, Vorteile erreichen und Verbindungen finden können. Dies sind unsere Voraussetzungen, bei denen wir keine Wahl haben. Ob jemand der schlimmste Verbrecher der Welt oder der weiseste Heilige ist, beide besitzen diese Voraussetzungen, die immer aktiv sind: die drei Schichten des Gehirns, den Hirnstamm, den Subkortex und den Kortex; die drei Qualitäten, die mit der Evolution der Reptilien, Säugetiere und Primaten/Menschen verbunden sind, und die drei Systeme von Vermeiden, Erreichen und Verbinden. Wie gesagt, in Bezug auf diese Gegebenheiten haben wir keine Wahl. Unsere Wahlmöglichkeit bezieht sich aber darauf, in welchem Modus wir uns befinden.

Wir stehen also vor einem Paradox: Der empfängliche Modus, der grüne Bereich des Gehirns, ist unser wahres Zuhause, es ist der Zustand, zu dem wir zurückkehren, wenn wir erfahren, dass unsere Grundbedürfnisse erfüllt werden. Mutter Natur möchte, dass wir die meiste Zeit in diesem Zustand verbringen, deshalb sorgt sie dafür, dass es sich gut anfühlt, im grünen Bereich zu sein. Aber bei Gefahr für unser Überleben gehen wir sehr schnell aus diesem Grundzustand heraus. Hier spielt zum Beispiel der Hang zum Negativen im Gehirn eine wesentliche Rolle, durch den wir ständig nach schlechten Nachrichten suchen,

auf die wir dann übermäßig reagieren und sie uns zu stark einprägen: Das Gehirn ist anfällig dafür, im Laufe der Zeit zunehmend sensibel für das Negative zu werden. Und wir erfahren auch, dass der reaktive Modus blitzschnell ausgelöst wird, damit wir diesem angreifenden Löwen entkommen können. Dazu kommen noch die Schnelligkeit des modernen Lebens, das Multitasking und das Ausgeliefertsein an Botschaften von Angst und Gefahr, gegen die wir nichts tun können. Dazu gibt es sogar einen Spruch unter Journalisten: „When it bleeds, it leads" – also wenn Blut fließt, sind bei den Nachrichten Leser oder Zuschauer garantiert.

Aus alldem resultiert eine chronische innere Heimatlosigkeit, ein chronischer Verlust unserer wahren Heimat im empfänglichen Modus. Dieser chronische Zustand kann so stark werden, dass er sich wie der neue Normalzustand anfühlt. Verbunden mit dieser inneren Heimatlosigkeit ist aber auch oft eine Art Hintergrundgefühl, in dem wir uns nach einem anderen Leben sehnen. Nach einem Leben, das bedeutungsvoller und sinnvoller ist. Wir spüren eine tiefe Sehnsucht in uns, den Weg zu unserem wahren Zuhause wiederzufinden.

3

Der Weg in den grünen Bereich

Was ist der wahre Weg nach Hause?

Wie ich und viele andere vor Ihnen fragen Sie sich vielleicht auch: Was ist der wahre Weg nach Hause? In Bezug auf das Gehirn und im Hinblick auf die Evolution können wir sagen, dass dieser Weg darin besteht, die reaktiven Episoden zu minimieren und sie so schnell wie möglich zu verlassen. Zu diesem Weg gehört insbesondere auch, die neuronalen Substrate des empfänglichen Modus des Gehirns zu bilden. Dies wird möglich, wenn wir regelmäßig das Positive aufnehmen, so dass wir es wirklich verinnerlichen können. So werden wir die innere Gewissheit spüren, dass unsere Bedürfnisse nach Sicherheit, Zufriedenheit und Verbundenheit in

einer grundlegenden Weise erfüllt sind. In gewisser Weise wird also das Ergebnis zum Weg. Denn für viele Menschen sind die Ziele eines guten Lebens in drei Worten zusammengefasst: Frieden, Erfülltheit und Liebe. Dies sind die Früchte eines guten Lebens, aber durch die Kraft der erfahrungsbedingten Neuroplastizität werden diese Qualitäten auch zum Weg zu einem glücklichen Leben. Durch selbstgesteuerte Neuroplastizität können wir durch die Nutzung des eigenen Geistes unser Gehirn und damit wiederum auch unseren Geist zum Besseren verändern. Dies wird möglich, wenn wir regelmäßig Erfahrungen von Frieden, Erfülltheit und Liebe verinnerlichen – mögen sie noch so gering oder flüchtig sein. So machen wir die Früchte zum Weg, das Ziel wird zum Mittel, um auf unserer Reise durch das Leben immer mehr innere Stärken zu entwickeln. Dadurch werden wir in uns mehr Ressourcen bilden, die wir nutzen und anderen geben können. Forschungsstudien zeigen, dass wir tatsächlich unser eigenes Gehirn so trainieren können, dass es mit der Zeit einen Hang zur Empfänglichkeit entwickelt, welcher den Hang zum Negativen, den evolutionären Grundzustand des Gehirns, ersetzt.

Wenn wir also regelmäßig das Positive aufnehmen, dann trainieren wir unser Gehirn mit der Zeit so, dass es nach den guten Dingen sucht,

die als angemessene Grundlage für eine positive Erfahrung dienen können. Im Verlauf dieser Übung wird auch das Gedächtnis immer schneller diese positiven Erfahrungen registrieren.

Durch das Aufnehmen des Positiven können wir eine gut gelaunte Amygdala entwickeln (was bedeutet, dass es natürlich auch eine schlecht gelaunte Amygdala gibt). In Bezug auf die Amygdala können wir durch eine Verbindung des biologisch begründeten Temperaments und der Lebenserfahrungen drei Gruppen von Menschen unterscheiden. Hierbei vergleichen wir, wie die Amygdala auf positive oder negative Erfahrungen reagiert. Bei den Menschen der ersten Gruppe reagiert die Amygdala nur wenig auf positive Erfahrungen, aber sehr stark auf negative. Bei Menschen der zweiten Gruppe reagiert sie in etwa gleich auf positive und negative Erfahrungen. Und bei Menschen der dritten Gruppe reagiert die Amygdala angemessen und im Rahmen auf negative Erfahrungen, aber besonders stark auf positive. Wir können also sagen, dass es sich bei der ersten Gruppe um eine schlecht gelaunte Amygdala handelt. In der zweiten Gruppe kann sich die Amygdala nicht so ganz festlegen. Aber in der dritten Gruppe finden wir die gut gelaunte Amygdala.

Forschungen zeigen, dass wir durch regelmäßiges Aufnehmen des Positiven, indem positive Erfahrungen kultiviert und innere Stärken gebildet werden, unserer eigenen Amygdala helfen können, nicht mehr so schlecht gelaunt zu sein. Durch diese Praxis kann sie nach und nach zu einer gut gelaunten Amygdala werden. Natürlich sehen wir weiterhin die Gefahren und können angemessen auf die Herausforderungen und Schwierigkeiten des Lebens reagieren. Aber mit der Zeit können wir dem Gehirn helfen, immer wirkungsvoller von den positiven Erfahrungen zu lernen. Diese Erfahrungen sind die wichtigste Quelle der inneren Stärken, die wir alle brauchen, um unseren Weg im manchmal schwierigen Leben zu finden.

Dies ist eine der Möglichkeiten, wie wir durch das regelmäßige Aufnehmen des Positiven einen Hang zur Empfänglichkeit entwickeln können, statt im tief eingeprägten Hang zum Negativen zu verbleiben. Wir können mehr und mehr in unserem wahren Zuhause im grünen Bereich verweilen.

Im grünen Bereich

Schauen wir uns nun einige der wichtigen inneren Stärken an.

Durch sie können wir wieder in diesen grünen Bereich des empfänglichen Modus des Gehirns zurückkehren und dort verweilen.

Im Hinblick auf die drei Systeme des Gehirns – Vermeiden, Erreichen und Verbinden – biete ich Ihnen für jedes dieser Systeme zwei Übungen an.

● Wie bei allen Übungen können Sie diese mit offenen oder geschlossenen Augen machen. Wenn Sie möchten, können Sie alle sechs Übungen nacheinander machen. Sie können aber auch zwischen den Übungen pausieren oder zu einem späteren Zeitpunkt wieder zurückkommen und eine oder mehrere dieser Übungen noch einmal machen.

Übung 8: Stärke erfahren

Übung 9: Schutz und Sicherheit erfahren

Übung 10: Erfolg erfahren

Übung 11: Glück erfahren

Übung 12: Fürsorge erfahren

Übung 13: Wertschätzung erfahren

Die eigenen Kernressourcen entdecken

Wenn wir im Alltag ein Problem haben, dann brauchen wir eine Lösung, die zu diesem Problem passt. Wenn Sie mit Ihrem Auto fahren und merken, dass Ihnen das Benzin ausgeht, dann wird es Ihnen nicht helfen, wenn Sie sich einen neuen Reifen besorgen. Wenn Sie aber mit dem Auto fahren und einen platten Reifen bekommen, dann brauchen Sie kein Benzin, sondern einen Ersatzreifen. So ist es auch bei dem Modell, das wir untersucht haben: die drei Grundbedürfnisse nach Sicherheit, Zufriedenheit und Verbundenheit und die drei Systeme des Gehirns des Vermeidens, Erreichens und Verbindens, die damit einhergehen und die mit den drei Stockwerken im Haus des Gehirns assoziiert werden können. Dieses Bezugsystem kann eine sehr nützliche Landkarte sein, um die wichtigen Erfahrungen zu identifizieren, die momentan für Sie besonders hilfreich wären.

Ich möchte das mit zwei Beispielen illustrieren. Nehmen wir einmal an, Sie machen sich wirklich Sorgen über etwas, vielleicht sind es gesundheitliche Probleme. Und genau zu diesem Zeitpunkt ruft Sie ein Vorgesetzter an und sagt Ihnen, dass Sie 10.000 € Prämie bekommen.

Wie würden Sie reagieren? Wahrscheinlich denken Sie: „Na toll, aber was ist mit dieser Sache, um die ich mir solche Sorgen mache? Dieses Problem muss ich lösen." Mit anderen Worten, wenn Sie etwas für Ihr System bekommen, das Vorteile erreichen will, dann wird Ihr Bedürfnis, das sich im System der Vermeidung von Gefahren befindet, nicht erfüllt. Denn Sie machen sich Sorgen wegen einer Gefahr, mit der Sie konfrontiert sind.

Ein anderes Beispiel, dieses Mal aus meiner eigenen Erfahrung: Als Kind sehnte ich mich sehr danach, von anderen Menschen wertgeschätzt und gewürdigt zu werden. Ich versuchte dieses soziale Bedürfnis nach Verbundenheit, das eigentlich durch das System der Verbindung erfüllt wird, zu befriedigen, indem ich verschiedene Erfolge „anhäufte". Hier war natürlich das System aktiv, dessen Ziel es ist, Vorteile zu erreichen. Aber diese Erfolge halfen mir nicht, denn ich brauchte eigentlich Erfahrungen, die sich auf das System der Verbindung beziehen. Ich hatte also sozusagen einen Vitaminmangel, eine Art Skorbut und brauchte Vitamin C, das diesen Mangel beheben kann. Stattdessen bekam ich Eisen, das Skorbut aber nur noch schlimmer macht. Hier stellt sich die Frage:

- Was ist für Sie das „Vitamin C", das Sie unbedingt brauchen?
- Sei es für ein besonderes, kurzfristiges Bedürfnis oder eine längerfristige Situation: Welche Erfahrung würde Sie stärken und unterstützen?
- Oder welche Erfahrung wäre ein Gegenmittel für eine Schwierigkeit, mit der Sie zu tun haben?

Es ist eine große Hilfe, wenn wir die Antwort auf diese Frage kennen. Sie können sich zum Beispiel mit Hinblick auf die drei Grundbedürfnisse nach Sicherheit, Zufriedenheit und Verbundenheit fragen, welches dieser drei Bedürfnisse momentan am wichtigsten ist. Oder welches dieser Bedürfnisse eher Ihrem Temperament entspricht. Manche Menschen konzentrieren sich natürlicherweise mehr darauf, Gefahren zu vermeiden, und sind deshalb etwas ängstlich. Andere Menschen sind sehr stark damit beschäftigt, verschiedenen Vorteilen nachzujagen. Wieder andere Menschen konzentrieren sich sehr auf das Soziale und auf Beziehungen.

Um herauszufinden, was Ihr eigenes Vitamin C ist, können Sie überlegen, was für ein Mensch Sie sind. Natürlich ist das sehr vereinfacht, aber vielleicht doch hilfreich, wenn Sie sich fragen: Bin ich eher ein Mensch,

der Gefahren vermeiden will? Oder ist es mir wichtig, möglichst viele Vorteile zu erreichen? Oder ist für mich die Beziehung zu anderen das zentrale Anliegen? Dies kann Ihnen einen Hinweis darauf geben, in welchem System Sie die ausgleichende Erfahrung finden können, das Vitamin C, das Ihnen wirklich hilft. Sie können aber auch an Herausforderungen denken, mit denen Sie gerade konfrontiert sind, und sich fragen: Welche innere Stärke würde mir in dieser Situation helfen? Vielleicht sind Sie mit etwas konfrontiert, das Sie als Gefahr sehen und worauf Sie mit Angst oder Wut reagieren. Dann können Sie sich fragen, welche Ressource Sie unterstützen würde, um mit dieser als Gefahr empfundenen Situation umzugehen. Wenn Sie zum Beispiel etwas mehr innere Stärke und Durchsetzungskraft, ein Gefühl von Schutz und Sicherheit oder das Gefühl hätten, dass Sie für sich selbst einstehen können, um mit dieser Schwierigkeit umgehen zu können, dann wäre Ihnen in der momentanen Situation wirklich geholfen.

Wenn Sie aber in Ihrer Karriere an einen Punkt gekommen sind, wo Sie nicht wissen, wie es weitergeht, oder mit einem Vorhaben gescheitert sind, enttäuscht wurden oder ein Ziel nicht erreichen können, dann wäre das System betroffen, das Vorteile erreichen will. Wenn Ihre

Herausforderungen in diesem Bereich liegen, dann könnte es Ihnen helfen, wenn Sie ein inneres Empfinden von Dankbarkeit, Erfülltheit, Zufriedenheit, Erfolg und Glück entwickeln würden. Sie können einen realistischen Optimismus kultivieren und an Ihre eigene Fähigkeit glauben, dass Sie auch nach einem Scheitern wieder aufstehen und weiter daran arbeiten können.

Aber vielleicht sind Sie auch mit einer Schwierigkeit konfrontiert, die im sozialen Bereich liegt, im System der Verbindung. Vielleicht wurden Sie von jemandem zurückgewiesen oder haben die Liebe an den falschen Orten gesucht. Oder Sie befinden sich in einer festen Beziehung und müssen nun erkennen, dass sie langsam zerbricht. Oder Sie wurden von jemandem ungerecht behandelt oder gekränkt, Sie haben nicht die Anerkennung bekommen, die Sie verdienen. In diesem Fall würde es Ihnen helfen, wenn Sie sich von anderen Menschen angenommen oder verstanden fühlten und mit ihnen in Resonanz wären, wenn Sie anerkannt, wertgeschätzt oder gelobt würden und in Beziehungen Freundschaft und Liebe erfahren würden.

Um festzustellen, was momentan Ihr Vitamin C ist, können Sie auch einen Schritt zurücktreten, Ihr Leben aus einer weiteren Perspektive

betrachten und sich diese Frage stellen: Was hätte mein Leben wirklich verändert? Vielleicht in Ihrer Kindheit, an einem Arbeitsplatz oder in einer Beziehung. Was hätte, wenn es geschehen wäre, Ihr Leben verändert? Und – was noch wichtiger ist – welche Erfahrung hätte Ihnen im Leben andere Möglichkeiten eröffnet? Welche Gefühle, Gedanken und inneren Stärken hätten etwas verändert? Eine andere Frage, die damit in Verbindung steht, ist: Wonach sehnt sich Ihr Herz heute noch? Welche wichtige Erfahrung hatte noch keinen ausreichenden Raum in Ihrem Leben? Welche zutiefst bedeutsame Erfahrung, wenn Sie sie machen und ganz tief in sich aufnehmen würden, könnte Sie in den tiefsten Bereichen Ihres Wesens nähren? Auch dies könnte ein Hinweis darauf sein, was für Sie ein wichtiges Vitamin C sein könnte.

Vielleicht kann Ihnen auch diese letzte Frage weiterhelfen: Welche Erfahrungen haben Sie in der Vergangenheit gemacht, an die Sie sich immer wieder erinnern, weil sie besonders wichtig waren? Klienten von mir berichten mir zum Beispiel, dass die Wochen, die sie als Kind jedes Jahr im Sommer auf dem Bauernhof ihres Onkels verbrachten, eine sehr bedeutsame Zeit in ihrem Leben waren und noch heute eine wichtige Ressource für sie sind. Sie können sich fragen, ob es auch für Sie solche

Erfahrungen gab. Warum war diese Erfahrung so wichtig? Es ist nicht so wichtig, was geschehen ist, denn das ist nur ein Mittel zum Zweck. Wichtiger ist, welche Gefühle es waren, die diese Erfahrung so einprägsam und bedeutungsvoll gemacht haben.

Wenn Sie eine oder mehrere wichtige Erfahrungen mit inneren Ressourcen gemacht haben, die Ihnen momentan helfen könnten, dann können Sie nach Gelegenheiten suchen, um diese Erfahrungen im Alltag erneut zu machen und sie in sich aufzunehmen. Ich habe schon erzählt, dass ich während des Studiums und als junger Erwachsener das große Bedürfnis hatte, von anderen gesehen zu werden. Deshalb suchte ich nach Erfahrungen, um diese Anerkennung auch zu bekommen. Und wenn ich sie bekam, dann war ich sehr glücklich, weil ich mir selbst gegenüber freundlich war und mir half, diese wichtige unterstützende Erfahrung aufzunehmen, an der es mir mangelte. Wenn Sie wissen, was für Sie die wichtige Erfahrung innerer Ressourcen ist, dann wird das Leben ein Raum von Möglichkeiten, um diese Erfahrung zu machen und zu verinnerlichen. Diese Idee, dass Sie wichtige innere Ressourcen finden können, um sie dann jeden Tag einige Male zu erleben und zu verinnerlichen, ist für mich eine der wirkungsvollsten Möglichkeiten,

die ich kenne, um Heilung zu fördern und Wohlergehen und Leistungsfähigkeit zu kultivieren. Zudem können wir uns so auch in unserer Selbstverwirklichung und spirituellen Praxis unterstützen.

Nun möchte ich eine Übung für das Aufnehmen des Positiven anleiten, die auf diesen Überlegungen aufbaut. Dafür ist es wichtig, dass Sie wissen, was Ihr „Vitamin C", Ihre Erfahrung innerer Ressourcen ist. Diese Erfahrungen müssen nicht perfekt sein, sie können verschiedene Vitamine oder auch ein Mulitvitamin finden. Das Gefühl, dass sich jemand um uns sorgt, ist solch ein Multivitamin. Es ist mit seinen vielen Aspekten, wie dem Empfinden, dass wir dazugehören und gesehen, gemocht, wertgeschätzt, gewürdigt oder geliebt werden, eine Art universelles Medikament. Denn dieses Gefühl, dass wir Fürsorge erfahren, erfüllt nicht nur das Bedürfnis des Systems der Verbindung mit anderen. Es ist auch ein großer

innerer Reichtum und erfüllt so auch das Bedürfnis des Systems, das Vorteile erreichen möchte. Und wenn wir uns umsorgt fühlen, dann können wir uns auch sicher fühlen. Denn in der Frühzeit des Menschen war die Vertreibung aus der Gruppe ein Todesurteil und etwas, vor dem wir uns fürchteten. Wenn wir also Fürsorge erfahren, können wir in uns ein Gefühl der Sicherheit kultivieren.

Übung 14: Das Positive aufnehmen

Der Umgang mit Angst, Unzufriedenheit und Trennung

Nun möchte ich diesen Ansatz der wichtigen Erfahrung innerer Ressourcen oder der ausgleichenden Erfahrungen auf ein weitverbreitetes, grundlegendes Gefühl der Angst, der Unzufriedenheit und der Trennung anwenden. Dabei stehen diese drei negativen Gefühle mit den drei Systemen des Gehirns in Beziehung: Vermeiden, Erreichen und Verbinden. Und zudem wird diese Praxis auch die gute Nachricht vermitteln, dass es den ganzen Tag über genau vor unserer Nase Gelegenheiten gibt, um positive Erfahrungen zu bemerken, die wir schon machen und die wir in uns aufnehmen können.

Diese Praxis werde ich in drei Schritten anleiten. Sie können jeden dieser Schritte einzeln üben. Dabei werde ich die drei Schritte beim Aufnehmen des Positiven etwas modifizieren und freier damit umgehen. Ich werde mich vor allem auf die ersten beiden Schritte konzentrieren und dann bei jeder Übung etwa drei Minuten still sein, damit Sie diese nützliche Erfahrung selbst untersuchen, vertiefen und aufnehmen können.

Übung 15: Sich jetzt gut fühlen

Übung 16: Die Fülle des Augenblicks erkennen

Übung 17: Sich verbunden fühlen

Was wir beim Aufnehmen des Positiven lernen können

Diese drei Übungen, die wir gerade gemacht haben, sind sehr wirkungsvoll: die Erfahrung, dass es uns jetzt gut geht, die Fülle des Augenblicks wertschätzen und sich verbunden fühlen. Es sind Übungen, die ich während des Tages regelmäßig mache. Sie lehren uns einige wichtige Lektionen: Erstens, es ist wunderbar, zu erkennen, dass direkt vor uns so viele positive Erfahrungen zugänglich sind. Wir müssen uns nicht erst anstrengen, um sie zu machen. Sie sind schon da und bieten eine direkte Gelegenheit, verschiedene innere Stärken zu entwickeln. Zweitens haben Sie vielleicht bemerkt, dass Sie selbst dann, wenn Sie das Gefühl haben, dass Ihre Bedürfnisse erfüllt sind, sehr schnell wieder ein Empfinden von Angst oder Unruhe, ein Verlangen nach mehr, den Wunsch nach etwas Neuem, ein Gefühl der Trennung, des Leidens oder Misstrauens in Beziehungen haben können. Selbst wenn es also keinen objektiven Grund für Gier gibt, sendet Mutter Natur eine gut gemeinte Illusion an unseren Geist: Sei ängstlich, sei hungrig, sei einsam!

Der Grund dafür ist, dass Tiere, die vor vielen Millionen Jahren lebten, die sich sicher wähnten, keinen Hunger mehr hatten oder nicht mit ihrer

Horde verbunden waren, ganz schnell zum Futter für andere Tiere wurden. Anders verhielten sich diejenigen Tiere, die Ihre Gene weitergeben konnten: Sie waren nervös und ständig auf der Hut. Sie waren hungrig und schauten sich ständig um, ob sie etwas zum Fressen oder eine neue Partnerin bzw. einen neuen Partner finden konnten. Und bei sozialen Säugetieren, wie den Primaten oder den Menschen, konnten diejenigen ihre Gene weitergeben, die immer aufpassten, dass Rivalen ihrer Partnerin nicht zu nahe kamen. Diese Verhaltensweisen sicherten ihnen das Überleben der Gene und wir sind heute ihre Nachfahren. Mutter Natur flüstert also weiterhin diese gut gemeinte Lüge in unser Ohr: Hab Angst, sei unzufrieden, sei einsam! Und es bedarf sehr vieler augenblicklicher Erfahrungen, in denen es uns zutiefst gut geht, wir zufrieden sind und uns verbunden fühlen, um nach und nach aus dieser gut gemeinten Illusion von Mutter Natur aufzuwachen.

Es gibt noch eine dritte Lektion, die Sie aus den drei Übungen lernen können. Was uns paradoxerweise am meisten weiterhilft, ist die Erfahrung des Positiven, wenn wir es gleichzeitig loslassen. Denn wenn wir an der Erfahrung, dass es uns gut geht, dass wir Fülle erleben oder verbunden sind, festhalten, dann verändert sich die Erfahrung. Wie Sie

selbst wahrscheinlich schon bemerkt haben, kann so das Positive zu etwas Negativem werden. Wenn Sie zum Beispiel daran anhaften, dass Sie sich jetzt gut fühlen, dann liegt in diesem Festhalten eine Angst, was natürlich dem Wohlbefinden in diesem Moment widerspricht. Das Aufnehmen des Positiven ist also am wirksamsten, wenn wir uns für die positiven Erfahrungen öffnen, sie genießen, sie tief in uns aufnehmen, während wir sie gleichzeitig vollkommen loslassen und nicht versuchen, daran festzuhalten. Wiederholte Erfahrungen dieses dualen Prozesses vollkommenen Aufnehmens und vollkommenen Loslassens können uns dabei helfen, uns mit der zugrunde liegenden Natur unserer bewussten Erfahrung zu versöhnen. Damit meine ich, dass sich in jedem Moment bei allem, was wir sehen, hören, riechen, schmecken oder berühren, und bei allen Gedanken, Gefühlen, Hoffnungen, Wünschen oder Träumen eine Verknüpfung von Synapsen formt. Es dauert nur Bruchteile von Sekunden, bis diese Synapsen verknüpft sind und eine bewusste Erfahrung ermöglichen. Innerhalb einer weiteren Sekunde stabilisiert sich diese Verknüpfung und löst sich dann wieder auf, damit andere Aspekte der bewussten Erfahrung neue Verknüpfungen von Synapsen formen. Der zugrunde liegende neuronale Prozess,

der bewusste Erfahrungen ermöglicht, ist also sehr dynamisch. In nur Bruchteilen von Sekunden formen sich diese Verknüpfungen von Synapsen. Damit einher geht die Ebbe und Flut der Neurotransmitter und die einzelnen Neurone werden in der Sekunde etwa fünf bis fünfzig Mal aktiviert. Gleichzeitig werden Synapsen in der äußeren Hülle der Neurone abgebaut und ihre Bestandteile werden in den Zellkörper aufgenommen oder zur Bildung neuer Synapsen verwendet. Durch diesen höchst dynamischen Prozess wird durch die Kognition, das Erkennen oder die Benennung ein bestimmtes Phänomen als Banane, Mensch oder Abendessen identifiziert und verdinglicht oder zu einem statischen Etwas gemacht, damit die Wahrnehmung, das Denken oder das Verlangen überhaupt möglich werden. Es gibt also eine Spannung zwischen dem zugrunde liegenden fließenden Prozess der neurologischen Grundlagen des Bewusstseins und der verdinglichenden, aufteilenden, verfestigenden Natur unserer persönlichen Psychologie oder Phänomenologie, also dem Strom unserer bewussten Erfahrung. Die Trennung zwischen den zugrunde liegenden unglaublich dynamischen, flüchtigen und vorübergehenden neurologischen Prozessen und der statischen, verdinglichenden, aufteilenden Natur der bewussten Erfahrung

führt zu einer Spannung, aus der Leiden entsteht. Denn wir verlangen und suchen nach Erfahrungen, obwohl sich diese in jedem Moment wieder auflösen und verändern.

Wenn wir regelmäßig dieses Empfinden des vollkommenen Aufnehmens der Erfahrung üben, während wir gleichzeitig die Erfahrungen vollkommen loslassen, dann können wir nach und nach diese Spannung verringern und auflösen. Und damit auch die Gier und das Leiden in unserem Geist, die aus dieser Spannung erst entstehen.

Dies führt uns zur vierten Lektion, die wir lernen können, wenn wir diese Übung machen, in der wir unser grundlegendes Wohlbefinden, die Fülle des Augenblicks und die Verbundenheit erfahren. Wir machen positive Erfahrungen nicht, um daran festzuhalten, sondern um das Festhalten zu beenden. Wir nehmen diese positiven Erfahrungen nicht auf, um noch mehr davon zu verlangen und ihnen gierig nachzulaufen, sondern um Verlangen und Gier zu beenden.

Wir lassen den Geist also in positiven Zuständen verweilen, damit das Gehirn nach und nach die Form annimmt, die diesen Erfahrungen entspricht. So lösen wir uns von der Triebkraft der Gier, weil wir mehr und mehr in innerem Frieden, Erfülltheit und Liebe ruhen, die

unabhängig von den äußeren Umständen sind. Mit der Zeit lassen wir selbst diese Übungen der Kultivierung los, wie ein Floß, das wir nicht länger brauchen, wenn wir das andere Ufer erreicht haben. Durch die Entwicklung einer Neigung und Bereitschaft zur Empfänglichkeit wurde unser Gehirn immer mehr für positive Erfahrungen sensibilisiert. Wir haben diese positiven Erfahrungen immer mehr als innere Stärken verinnerlicht. Und wir schöpfen in unserem Leben zunehmend aus einem zugrunde liegenden Gefühl der Sicherheit, Zufriedenheit und Verbundenheit und einer Erfahrung von Frieden, Erfülltheit und Liebe. So verringern wir nach und nach die neurologische und biologische Grundlage für die Gier, die für uns selbst und andere zu Leiden und Verletzung führt.

4

Der vierte Schritt beim Aufnehmen des Positiven

Die Grundlagen des vierten Schrittes beim Aufnehmen des Positiven

Nun möchte ich mich dem vierten Schritt beim Aufnehmen des Positiven zuwenden. Es ist das „L" in der Abkürzung „HEAL", die ich für die vier Schritte beim Aufnehmen des Positiven geprägt habe. Dieser Schritt ist etwas schwieriger, weil wir dabei neben positiven Erfahrungen auch negative Inhalte im Gewahrsein halten. Deshalb ist es wichtig, dass wir wissen, warum wir diese Praxis üben, wie sie sich auf unser Gehirn auswirkt und warum dies solch eine umfassende Methode ist, um nach und nach negative Inhalte zu schwächen und letztendlich zu ersetzen.

In vielerlei Hinsicht arbeitet unser Gehirn wie ein Computer, aber in wichtigen Aspekten unterscheidet es sich auch von dessen Informationsverarbeitung. Wenn man zum Beispiel in einem Computer ein Bild sucht, dann sucht man die entsprechende Bilddatei, klickt dann auf das Bild und schon öffnet es sich auf dem Monitor. Wenn man es bearbeitet hat und wieder schließt, wird jedes einzelne Pixel dieses Fotos wieder auf der Festplatte gespeichert. Die Speicherung von Erinnerungen im Gehirn funktioniert aber anders. Wenn wir eine Erfahrung machen, kann sie als Erinnerung an ein bestimmtes Ereignis, wie ein schönes Erlebnis mit Freunden oder eine Enttäuschung mit Freunden, gespeichert werden. Dies bezeichnet man als eine explizite Erinnerung.

Ereignisse können aber auch als implizite Erinnerung gespeichert werden, wobei die Körperempfindungen, Emotionen oder Sichtweisen, die mit dem Ereignis verbunden sind, gespeichert werden. Wenn diese Erinnerungen abgerufen und dann wieder gespeichert werden, dann werden nur einige Samen oder Aspekte der Erinnerung gespeichert, was eine sehr effektive Weise ist, um etwas aufzubewahren. Diese Erinnerungen können wieder aktiviert werden, weil wir uns an einen bestimmten Inhalt erinnern oder implizite Inhalte wieder hochkommen und wir die gleichen

Körperempfindungen, Emotionen oder Sichtweisen erfahren, die bei einem ähnlichen Ereignis in der Vergangenheit gespeichert wurden. Wenn negative Inhalte wieder aktiviert werden, dann muss sie das Gehirn aus diesen Samen oder Aspekten wieder neu zusammensetzen. Dies geschieht so schnell, dass es so aussieht, als wäre die ganze Erinnerung aus dem Gedächtnis abgerufen worden. Aber in Wirklichkeit wird die Erinnerung in einem sehr dynamischen und komplexen Prozess wieder aktiviert. Wenn diese Erinnerung dann erneut im Gedächtnis gespeichert wird, dann wird sie nicht als Ganzes aufbewahrt, sondern wird in einem außerordentlich dynamischen Prozess zu einer Essenz der Erinnerung verdichtet. Diese beiden Merkmale der Erinnerung, dass sie auf dynamische Weise neu konstruiert wird und dann in einem genauso dynamischen Prozess wieder verdichtet wird, eröffnen uns zwei wichtige Möglichkeiten, um negative Inhalte nach und nach zu verändern oder gar loszulassen.

Dies betrachten wir ein wenig genauer: Wenn sowohl positive als auch negative Inhalte im Gewahrsein anwesend sind, dann verbinden sich die positiven mit den negativen Inhalten gemäß dem Grundsatz „Neuronen, die zusammen aktiviert sind, verbinden sich". Wenn die positiven Inhalte stärker sind, das heißt im Vordergrund des Gewahrseins stehen

und sehr kraftvoll sind, tief und mit positiven Emotionen verbunden, und die negativen Inhalte sich eher am Rand des Gewahrseins befinden, dann werden die positiven Inhalte die negativen beeinflussen und verändern. Eine umgekehrte Beeinflussung wird verhindert. Wenn wir nach einigen Sekunden oder Minuten das negative Material gar nicht mehr wahrnehmen und dieser Inhalt, diese Erinnerung, wieder verdichtet im Gedächtnis gespeichert wird, dann werden einige dieser positiven Veränderungen darin aufgenommen. Und das verändert auch die Situation, wenn diese negativen Inhalte dann irgendwann wieder aktiviert werden und ins Gewahrsein kommen. Wenn wir uns in bestimmten Situationen an eine negative Erfahrung erinnern, dann werden die negativen Inhalte im Gewahrsein neu konstruiert. Dabei werden auch einige der positiven Assoziationen mit eingebaut, die wir bei der letzten Abspeicherung damit verbunden hatten. Dies geschieht, wenn also zum Beispiel im Zusammenhang mit einer Autoritätsfigur Erinnerungen wachgerufen werden oder wenn das nächste Mal negative Erinnerungen in Verbindung mit zu viel Essen oder Alkohol aktiviert werden oder wenn Gefühle der Angst oder Gereiztheit in Ihnen hochkommen.

Über einen längeren Zeitraum bedeutet das, dass positive Inhalte nach und nach die negativen Inhalte außer Kraft setzen. Wenn wir also im Garten unseres Geistes das Unkraut entfernt haben, dann nehmen wir gesunde, nährstoffreiche Erde und schichten sie auf die Unkräuter. Das Problem ist aber: Selbst wenn wir nach und nach durch diesen Prozess der Verknüpfung negative Inhalte mit positiven Inhalten überdecken, können diese negativen Inhalte häufig noch zurückkommen. Sie sind weiterhin tief in unserem Gedächtnis gespeichert, und es bedarf nicht viel und wir nehmen diese negativen Inhalte wieder auf oder sie kommen von selbst wieder zurück an die Oberfläche des Bewusstseins. Deshalb haben Wissenschaftler radikal neue Methoden entwickelt, so dass wir die negativen Inhalte nicht nur mit positiven Inhalten überdecken, sondern diese negativen Inhalte vollkommen auflösen können. Und so wird es möglich:

Viele der negativen Erfahrungen, die wir machen, sind also mit einem neutralen Stimulus verbunden. Nehmen wir an, in Ihrer Kindheit hatten Sie einen Sportlehrer oder einen Trainer in einer Fußballmannschaft. Dieser Trainer – ein Mann – war wirklich gemein und unfair Ihnen gegenüber, er übte ständig Druck aus und schaute auf Sie herab. Es war einfach

nur schrecklich, mit ihm zu tun zu haben. Dieser Stimulus einer männlichen Autorität, der an sich völlig neutral ist, obwohl er auch manchmal Auslöser von Negativem sein kann, kann später im Leben wieder aktiviert werden. Vielleicht durch einen männlichen Vorgesetzten oder den Vater Ihres Partners oder Ihrer Partnerin. Oder durch einen alten Mann in der Nachbarschaft, der im Kommandoton mit Ihnen spricht. Wenn Sie also diesem neutralen Stimulus begegnen, spüren Sie eine Überreaktion. Nehmen wir einmal an, Ihr Chef ist nicht gemein, sondern eigentlich ein netter Typ. Trotzdem spüren Sie in seiner Nähe mehr Nervosität als wirklich dieser Situation und den objektiven Umständen angemessen wäre. Dieser neutrale Stimulus, dieser neutrale Auslöser einer männlichen Autoritätsperson wird also in Ihrem Geist zunehmend mit negativen Inhalten verbunden, die dann immer wieder neu aktiviert werden.

Diesem Mechanismus können wir aber entgegenwirken. Wir können also negative und positive Inhalte im Gewahrsein miteinander verknüpfen, indem wir uns beider Aspekte bewusst sind. Wenn wir dies einige Sekunden oder Minuten lang getan haben und uns der negativen Inhalte schließlich nicht mehr bewusst sind, dann beginnt der Prozess der Rekonsolidierung oder Neubildung, der etwa eine bis sechs Stunden

dauert. Während dieser Zeit können Sie einige Male den neutralen Auslöser ins Bewusstsein bringen, ohne ihn mit etwas Negativem zu verbinden. Bringen Sie also einen neutralen Auslöser ins Bewusstsein, wie die Idee einer männlichen Autoritätsperson, während Sie gleichzeitig nur an neutrale Dinge denken, wie die Farbe Beige oder den Geruch der Luft oder den Geschmack von Wasser. Oder denken Sie an positive Dinge, die gar keine Beziehung zu den negativen Inhalten haben.

Während also dieser neutrale Auslöser der männlichen Autorität in Ihrem Bewusstsein anwesend ist, können Sie gleichzeitig an eine Aufgabe denken, die Sie in letzter Zeit erfolgreich erfüllt haben. Oder Sie denken an ein schönes Erlebnis mit Freunden oder eine Verabredung, auf die Sie sich freuen. Dies dauert nur einige Sekunden, in denen Sie sich beider bewusst sind: des neutralen Stimulus und einiger neutraler oder positiver Inhalte. Wenn Sie dies einige Male üben, so zeigen Forschungen, können Sie nach und nach die negativen Inhalte auflösen. Sie vergessen nicht die Ereignisse, Sie vergessen zum Beispiel nicht, dass Ihr Fußballtrainer in Ihrer Kindheit ein gemeiner Kerl war. Aber die emotionale Aufladung, die damit verbunden ist, wird aufgelöst. So werden diese negativen Inhalte nicht jedes Mal wieder aktiviert, wenn der gleiche neu-

trale Stimulus anwesend ist, in unserem Fall eine männliche Autoritätsperson. Diese negativen Verbindungen werden also in unserem Geist nach und nach aufgelöst.

Der vierte Schritt in der Praxis

In Hinblick auf die Auseinandersetzung mit den negativen Inhalten können wir drei Formen unterscheiden.

Die einfachste Form besteht darin, dass wir einfach wissen, dass wir diese negativen Inhalte in uns haben, während wir uns gleichzeitig vor allem der positiven Inhalte bewusst sind.

In der zweiten Form können wir ein stärkeres Empfinden der negativen Inhalte in unserem Gewahrsein spüren, wie zum Beispiel eine andauernde Angst oder Gereiztheit oder ein Gefühl von Minderwertigkeit. Aber obwohl diese Empfindungen stark sind, befinden sie sich sozusagen an der Peripherie des Gewahrseins, während die positive Erfahrung sich im Vordergrund des Gewahrseins befindet.

Die dritte Form ist die wirkungsvollste, aber auch die schwierigste: Wir spüren eine starke positive Erfahrung, die in die negativen Inhalte eindringt und sie direkt beeinflusst. So als wäre das Positive ein beruhigender Balsam, der in verletzte oder entzündete Orte im Inneren hineinfließt und sie berührt. Oder als wären diese positiven Inhalte wie ein Regen, der sich über innere Löcher ergießt und sie nach und nach wieder füllt.

Diese positiven Erfahrungen können sich auch mit Aspekten aus der Kindheit oder dem inneren Kind in jedem von uns verbinden und ihm dasjenige geben, was es immer gebraucht und wonach es sich immer gesehnt hat. Einige Leute haben mir gesagt, dass sie bei diesem vierten Schritt beim Aufnehmen des Positiven das Gefühl hatten, dass ein erwachsener und fürsorglicher Teil von ihnen diesen kleinen Jungen oder dieses kleine Mädchen in ihnen umarmt. Dieser fürsorgliche Erwachsene nimmt das innere Kind auf den Schoß und tröstet, wiegt und beruhigt es.

Damit die Übung dieses vierten Schrittes gelingt, möchte ich Ihnen einige zusätzliche Hinweise geben. Erstens, Sie dürfen nicht zulassen, dass das Negative Sie mitreißt. Wenn die negativen Inhalte Ihre

Aufmerksamkeit fesseln, dann lassen Sie diese los und konzentrieren Sie sich nur auf das Positive. Ich glaube allerdings nicht, dass der vierte Schritt beim Aufnehmen des Positiven für den Umgang mit den Kernaspekten von schweren Traumata angemessen ist. Im Kern eines Traumas liegt eine Art „Schwarzes Loch", das alles in sich hineinzieht. Wenn das Negative Sie also mit sich reißt, dann lassen Sie es los und verweilen Sie nur im Positiven. Zweitens müssen Sie in der Lage sein, Ihre Aufmerksamkeit zu teilen. Sie müssen zwei Dinge gleichzeitig im Gewahrsein halten, sowohl das Bittere als auch das Süße. Dabei lassen wir das Süße in unserem Gewahrsein größer und stärker werden als das Bittere.

Drittens können wir hier auch anwenden, was wir über wichtige innere Ressourcen gelernt haben, die als eine Art innerer Ausgleich oder inneres Vitamin C dienen können. Das bedeutet, dass wir die positiven Erfahrungen identifizieren, die ein Ausgleich oder Gegenmittel für unsere negativen Erfahrungen sind. Wenn die negativen Inhalte im System der Vermeidung von Gefahren liegen, also mit Gefühlen der Angst, Bedrohung, Gereiztheit oder Wut zu tun haben, dann werden Ressourcen für Sie besonders wichtig sein: Ein Gefühl von Schutz, Sicherheit, Stärke oder Entspannung wäre hier also besonders wirksam. Wenn das

negative Material aber mehr mit dem System zu tun hat, dessen Ziel es ist, Vorteile zu erreichen, dann könnten es Gefühle des Verlustes, eine leicht depressive Stimmung, Frustration oder Enttäuschung sein. Diese negativen Inhalte werden am besten durch positive Inhalte in diesem System ausgeglichen und geheilt. Dies können Empfindungen von Dankbarkeit, Freude, Erfolg oder Glück sein. Die negativen Inhalte können aber auch das System der Verbindung mit anderen betreffen. Dann fühlen wir uns vielleicht abgewiesen, entwertet, verlassen oder kritisiert. Oder wir haben das Gefühl, dass uns andere nicht anerkennen oder unsere Sehnsucht nach Liebe nicht erfüllt wird. Hier werden Ihnen vor allem Erfahrungen helfen, die ebenfalls in diesem System der Verbindung liegen und zu den negativen Erfahrungen in diesem System passen. Positive Erfahrungen, in denen Sie sich zugehörig, gesehen, gemocht oder geliebt fühlen, sind hier wirksam.

Auf dieser Grundlage möchte ich auf einen sehr wichtigen Punkt hinweisen: Sie werden vielleicht nicht in der Lage sein, die ganze Erfahrung zu machen, die Sie sich wünschen. Möglicherweise bekommen Sie nicht den ganzen Kuchen, sondern nur ein Stück. Vielleicht erfüllt sich der Wunsch nicht, dass Sie Ihren Lebenspartner finden, der Sie liebt und für

den Sie der wichtigste Mensch sind. Aber Sie können bestimmte Aspekte erleben, indem Sie sich von einigen Menschen angenommen, gesehen, wertgeschätzt oder gemocht fühlen. Damit erfüllen sich vielleicht nicht all Ihre Wünsche und ich möchte dieses Idealbild, in dem Sie sozusagen den ganzen Kuchen bekommen, auch nicht kleinreden. Aber ein Stück des Kuchens ist besser als gar nichts.

Meine letzte Empfehlung für diesen vierten Schritt beim Aufnehmen des Positiven ist, dass Sie diese Übung in zwei Teilen machen sollten. Sie werden meist mit etwas Positivem beginnen, indem Sie bemerken, dass Sie schon eine positive Erfahrung machen oder indem Sie eine Gelegenheit nutzen, um eine positive Erfahrung zu ermöglichen. Dabei wissen Sie, dass diese Erfahrung Ihr Vitamin C ist und genau zu einer grundlegenden, tief eingeprägten negativen Erfahrung passt. Auf dieser Grundlage beginnen Sie mit der positiven Erfahrung und nutzen dabei die ersten drei Schritte beim Aufnehmen des Positiven, um diese positive Erfahrung zu machen, sie zu vertiefen und zu verinnerlichen. Und wenn Sie bereit sind, bringen Sie in einem nächsten Schritt die negativen Erfahrungen in Ihr Gewahrsein. Sie halten diese negativen Inhalte im Hintergrund des Gewahrseins, während Sie nach und nach spüren,

dass die positiven Inhalte sich mit den negativen verbinden. Sie können dies so lange tun, wie Sie möchten, vielleicht einige Sekunden oder Minuten. Danach lassen Sie das Negative vollkommen los und verweilen im Positiven. Dies ist das Ende der Praxis.

Bei einer anderen Sequenz, die Sie in dieser Praxis nutzen können, beginnen Sie mit dem Negativen. Nehmen wir an, etwas verärgert Sie, macht Sie wütend, bereitet Ihnen Sorgen oder verwirrt Sie. Dann können Sie als Erstes einfach darin verweilen. Sie treten einen Schritt zurück, beobachten diese negative Erfahrung, lassen sie in Fluss kommen und untersuchen sie. Hoffentlich können Sie sich angesichts dieser negativen Erfahrung mit Güte und Selbstakzeptanz begegnen. Vielleicht spüren Sie unter die Oberfläche die verwundbareren, sanfteren Ebenen dieser negativen Erfahrung, deren Wurzeln vielleicht in der Kindheit liegen. Wenn es sich richtig anfühlt, dann gehen Sie über zur zweiten Möglichkeit, mit dem Geist zu arbeiten, und lassen Sie das Negative los. Nachdem Sie dies getan haben, bringen Sie eine positive Erfahrung ins Gewahrsein, die hier als ein Ausgleich wirken wird. Die Blume, die genau dieses Unkraut ersetzen kann. Sie können dann mit dieser positiven Erfahrung verweilen und sie immer stärker werden

lassen. Und dabei können Sie spüren, wie diese positive Erfahrung die negativen Inhalte langsam beruhigt, schwächt und schließlich ersetzt.

Nun können wir diesen vierten Schritt beim Aufnehmen des Positiven als eine Übung durchführen. Während dieser Praxis gebe ich eine Reihe von Hinweisen, von denen Sie nur diejenigen anzunehmen brauchen, die für Sie nützlich und wertvoll sind.

Um diese Übung zu machen, sollten Sie natürlich die negativen Inhalte kennen. Sie sollten aber auch wissen, aus welchen positiven Inhalten Sie schöpfen können, um dieses Negative zu beruhigen, zu heilen oder auszugleichen. Vielleicht gibt es eine aktuelle Schwierigkeit in Ihrem Leben, etwas, das Ihnen Sorgen macht, Sie nervös oder gereizt werden lässt. Eine Situation, die in Ihnen Frustration oder Enttäuschung auslöst. Oder eine Beziehung, in der Sie sich verletzt oder von anderen falsch behandelt oder herabgesetzt fühlen. Es könnte auch ein lange bekanntes Thema sein, mit dem Sie sich in Ihrem Leben schon oft auseinandergesetzt haben. Dies könnte ein grundlegendes Gefühl von Ängstlichkeit, eine depressive Stimmungslage, ein lange bestehender Ärger oder ein Minderwertigkeitsgefühl sein. Es könnte aber auch ein schmerzvolles Erlebnis aus Ihrer Kindheit oder aus der näheren Vergangenheit sein.

Wie ich schon erwähnt habe, würde ich Ihnen nicht empfehlen, den vierten Schritt beim Aufnehmen des Positiven auf die Kernaspekte von Traumata anzuwenden. Aber selbst dann, wenn Sie ein Trauma erfahren haben, können Sie den vierten Schritt beim Aufnehmen des Positiven für Themen anwenden, die sich sozusagen an den Rändern des Traumas befinden. Ein Beispiel dafür wäre das Gefühl, dass andere Sie im Stich gelassen haben in einer Situation, in der Sie gehofft hatten, dass sie für Sie einstehen.

Sie müssen nicht exakt und ganz genau wissen, mit welchen negativen Inhalten Sie hier arbeiten wollen, weil Sie diesen vierten Schritt unter ganz verschiedenen Umständen anwenden werden. In Bezug auf die positiven Inhalte, aus denen Sie als Ressource und ausgleichendes Element schöpfen werden und die als beruhigender Balsam auf die negativen Inhalte wirken können, gibt es zwei Dinge, auf die wir achten sollten. Sie müssen nicht ganz genau wissen, was das entsprechende Vitamin C, die ausgleichende Erfahrung, ist, um Ihre Situation zu verändern. Wenn Sie nur ein leichtes Gefühl dafür haben, dass die negativen Inhalte im System der Vermeidung liegen, dann wird fast jede Erfahrung innerer Ressourcen, die mit dem Vermeiden von Gefahren einhergeht, nützlich

für Sie sein. Dies können Gefühle von Stärke, Schutz, Entspannung und Sicherheit sein oder das Gefühl, dass es Ihnen jetzt gut geht. Wenn Ihr Problem eher im System liegt, das Vorteile erreichen will, dann wird jede Ressource in diesem System nützlich für Sie sein. Es kann einfach Dankbarkeit, Freude, Glück oder die Fülle des gegenwärtigen Augenblicks sein. Sollten die negativen Inhalte im System der Verbindung liegen, dann ist jede Ressource, durch die Sie sich fürsorglich behandelt, aufgenommen, gesehen oder gemocht fühlen, hilfreich für Sie. Und wie ich schon erwähnt habe, Liebe ist das Multivitamin. Jedes Gefühl der Liebe kann Schmerzen und Leiden in allen drei Systemen des Vermeidens, des Erreichens oder des Verbindens lindern. Dabei ist es nicht so wichtig, ob wir geliebt werden oder uns als Liebende erfahren, denn Liebe bleibt Liebe, egal, ob sie zu uns kommt oder ob wir sie geben.

Bei dieser Übung kann es Ihnen auch helfen, wenn Sie den neutralen Auslöser oder den neutralen Stimulus finden, der sich mit der Zeit mit diesem negativen Inhalt verbunden hat. Es gibt nicht immer einen neutralen Auslöser, der mit dem negativen Inhalt verbunden ist, aber oft ist es der Fall. Sie können sich also fragen, in welchen Situationen Sie aufgeregt oder irritiert reagieren. Ein Beispiel wäre das Sprechen vor

vielen Menschen. Wenn man genauer darüber nachdenkt, ist die Tatsache, dass eine Gruppe von Menschen hören möchte, was Sie zu sagen haben, an sich neutral. Daran ist nichts Negatives, ganz im Gegenteil, es ist vielmehr eine zutiefst positive Situation, weil die anderen Menschen an Ihnen interessiert sind. Aber oft verbinden wir mit diesem neutralen Stimulus verschiedene negative Erfahrungen, wie zum Beispiel Lampenfieber. Oder vielleicht ist das Sprechen aus dem Herzen für uns mit Verlegenheit oder Angst verbunden. Doch auch hier sehen wir, dass das Sprechen aus dem Herzen an sich neutral ist, eher ziemlich positiv, selbst wenn negative Erfahrungen damit verbunden werden können.

Für diese Übung wäre es also hilfreich, wenn Sie herausfinden, was der neutrale Stimulus oder der neutrale Auslöser sein könnte, der mit den negativen Inhalten verbunden ist.

Übung 18: Der vierte Schritt beim Aufnehmen des Positiven

Die tieferen Implikationen beim Aufnehmen des Positiven

Bisher haben wir uns mit dem Aufnehmen des Positiven, das heißt der Kultivierung innerer Stärken, auf persönlicher Ebene beschäftigt, wir haben Blumen im Garten des Geistes gepflanzt und sie beim Wachsen unterstützt. Nun möchte ich über einige der umfassenden Implikationen dieser Praxis sprechen. Wenn das Gehirn eines Menschen sich im empfänglichen Modus befindet, dann führt dies oft dazu, dass auch der andere Mensch diesen Modus übernimmt. Denn wenn ein Mensch innerlich zentriert und zufrieden ist und nicht so stark von Gier getrieben wird, dann wird er wahrscheinlich auch andere besser behandeln. Dies veranlasst dann wiederum sein Gegenüber dazu, auch ihn gut zu behandeln. Wenn Menschen sich hingegen im reaktiven Modus des Gehirns befinden, dann gehen sie mit anderen Menschen in solch einer Weise um, dass diese Reaktivität ansteckend wird. Dabei überträgt sich der reaktive Modus des Gehirns eines Menschen auf das Gehirn anderer. Denn wenn ein Mensch in diesem roten Bereich des Gehirns agiert, dann handelt er oft aus Angst, Wut, Frustration, Enttäuschung, mit

Festhalten und Aggression. Dies wiederum veranlasst sein Gegenüber, ebenfalls in den roten Bereich des Gehirns überzugehen.

Diese Dynamik von Gehirnen im roten Bereich, die miteinander interagieren, finden wir auch auf globaler Ebene. Wenn wir die Welt betrachten, erkennen wir, dass die Probleme, mit denen wir konfrontiert sind, unterschiedlichste Gründe haben. Aber im Hinblick auf die Beteiligung des menschlichen Gehirns an diesen Problemen, mit denen wir uns im 21. Jahrhundert auseinandersetzen müssen, können wir sagen, dass der Grund in diesem roten Bereich des reaktiven Modus zu finden ist. Der reaktive Modus macht uns anfällig für Angst, und durch Angst sind wir leicht zu manipulieren. Denken Sie zum Beispiel an eine Terrorwarnung. Der reaktive Modus treibt Rüstungswettläufe an, entfacht unsere Gier nach Profit und hat uns als Spezies dazu gebracht, die Ressourcen zu verbrauchen, die unser aller Lebensgrundlage sind. Dies hat unter anderem den globalen Klimawandel ausgelöst. Der reaktive Modus des Gehirns führt uns auch dazu, Menschen in die Kategorien von „wir" und „die anderen" einzuteilen. Dann fühlen wir uns im Recht, wenn wir diese „anderen" entmenschlichen, Angst vor ihnen haben und sie angreifen. So hat der Zustand unseres Gehirns einen Anteil an den

lang andauernden unversöhnlichen Konflikten zwischen verschiedenen Gruppen von Menschen oder Nationen.

Die Anfälligkeit des Gehirns, in den roten Bereich gezogen zu werden, zunehmend für Reaktivität sensibilisiert zu werden und damit immer mehr im roten Bereich stecken zu bleiben, beruht auf neurologischen Mechanismen, die sich in 600 Millionen Jahren Evolution entwickelt haben. Diese Mechanismen wurden ständig verfeinert, um unseren Vorfahren das Überleben zu ermöglichen. Aber heute gefährden genau die gleichen Mechanismen das Überleben unserer ganzen menschlichen Spezies. Über Millionen von Jahren der Evolution war die Vorherrschaft des roten Bereichs überlebensnotwendig. In der Evolution der Reptilien, der Säugetiere, der Primaten, der Hominiden und der Menschen waren die objektiven Umstände noch nicht gegeben, die es erlaubt hätten, lange Zeit im grünen Bereich des Gehirns zu bleiben. Es war nicht möglich, Sicherheit, Zufriedenheit und Ernährung für jeden Menschen auf dem Planeten zu gewährleisten. Auch war es nicht so, dass Menschen, die einer Gruppe angehörten, sich in der Nähe von Menschen anderer Gruppen sicher fühlen konnten. Selbst vor hundert Jahren waren die objek-

tiven Umstände noch nicht so, dass das Gehirn bei allen Menschen auf der Erde im grünen Bereich, im Modus der Empfänglichkeit, verweilen konnte.

Bemerkenswerterweise haben sich in den letzten dreißig oder vierzig Jahren im Hinblick auf unsere Ressourcen und technischen Möglichkeiten die objektiven Umstände entwickelt, die für eine grundlegende Sicherheit, Zufriedenheit und Verbindung für jeden Menschen dieses Planeten sorgen könnten. Dies gab es noch nie zuvor in der Geschichte der Menschheit. Wenn wir den Willen dafür aufbringen könnten, dann wäre es möglich, dass die Gehirne aller Menschen auf dem Planeten hauptsächlich im grünen Bereich des empfänglichen Modus verweilen. Stellen Sie sich eine Welt vor, in der eine kritische Masse von Menschen meistens im grünen Bereich leben würde. Wie groß ist diese kritische Masse? Zehn Millionen, hundert Millionen oder eine Milliarde Menschen? Ab einer bestimmten Masse von Menschen gäbe es einen Wendepunkt, der eine Transformation des Weges und der Zukunft der Menschheit bedeuten würde.

Ich möchte damit kein utopisches Bild zeichnen, natürlich gäbe es weiterhin Konflikte zwischen den Menschen. Wir hätten weiterhin persönliche Ziele und würden miteinander konkurrieren. Wir würden auch weiterhin manchmal von anderen Menschen verletzt werden. Aber der Hintergrund von Angst, Frustration, Wut, Enttäuschung, Verlangen, Kummer, Trennung, Rivalitäten, Neid und Minderwertigkeit, der die Erfahrung des Menschen auf dieser Erde so sehr bestimmt, würde die objektive Grundlage verlieren. Die zugrunde liegenden Auslöser von Widerstand, Verlangen, Festhalten und Gier wären nicht mehr notwendig. Darin öffnet sich die Vision von Milliarden von Menschen, deren Gehirne im grünen Bereich leben. Ich finde das zutiefst inspirierend und interessant. Und die Geschichte des 21. Jahrhunderts und vielleicht auch des 22. Jahrhunderts wird davon gekennzeichnet sein, wie die menschliche Spezies sich an diese nie zuvor da gewesene Möglichkeit anpasst. Wir könnten weltweit erstmals unter Bedingungen leben, die es erlauben, dass die Gehirne aller Menschen im grünen Bereich agieren.

Diese persönliche Praxis hat also umfassendere Wirkungen, die über die persönlichen Effekte hinausgehen. Wenn das Gehirn eines einzelnen Menschen zur Empfänglichkeit wechselt, ist das jedes Mal ein positiver

Schritt. Denn dann sendet es Wellen aus, die von anderen aufgenommen werden können – sie wirken ansteckend. In Ihrer eigenen persönlichen Praxis können Sie das Aufnehmen des Positiven üben. Kommen Sie in den empfänglichen Modus des Gehirns zurück, verweilen Sie im grünen Bereich und begegnen Sie dem Leben!

Übung 19: In Frieden, Erfüllung und Liebe verweilen

Zum Autor

Rick Hanson

ist Neuropsychologe und Lehrer, der an der Schnittstelle von Psychologie, Neurologie und kontemplativer Praxis arbeitet. Er ist Autor des Buches *Das Gehirn eines Buddha* – ein Bestseller, der in 20 Sprachen übersetzt wurde und im Arbor Verlag erschienen ist (mit Richard Mendius).

Rick Hanson lehrt an Universitäten und Meditationszentren in den USA, Australien und Europa.

Eine Übersicht der Seminare und Weiterbildungen mit Rick Hanson im deutschsprachigen Raum finden Sie unter www.arbor-seminare.de.

Zum Sprecher und Herausgeber

Lienhard Valentin

praktiziert seit 30 Jahren Vipassanā-Meditation und ist als Kursleiter international in der Integration von Achtsamkeit und Mitgefühl in Familie, Therapie und Gesellschaft tätig. Er steht in regelmäßigem Kontakt mit Rick Hanson, Jon Kabat-Zinn und anderen führenden Vertretern achtsamkeitsbasierter Verfahren. 2011 hat er die Ausbildung *Achtsamkeit leben – Achtsamkeit lehren* ins Leben gerufen, die von Arbor-Seminare an verschiedenen Orten in Deutschland und Österreich angeboten wird.

Geführte Übungen und Meditationen

CD 1

1	Das Positive aufnehmen	(25 Minuten)
2	Zulassen	(19 Minuten)
3	Mitgefühl	(6 Minuten)
4	Güte	(6 Minuten)
5	Freude über das Glück anderer	(6 Minuten)
6	Gelassenheit	(8 Minuten)
7	Einsicht und Weisheit	(7 Minuten)

CD 2

8	Stärke erfahren	(5 Minuten)
9	Schutz und Sicherheit erfahren	(6 Minuten)
10	Erfolg erfahren	(4 Minuten)
11	Glück erfahren	(5 Minuten)
12	Fürsorge erfahren	(7 Minuten)
13	Wertschätzung erfahren	(6 Minuten)
14	Das Positive aufnehmen	(8 Minuten)
15	Sich jetzt gut fühlen	(8 Minuten)
16	Die Fülle des Augenblicks erkennen	(9 Minuten)
17	Sich verbunden fühlen	(12 Minuten)

CD 3

18	Der vierte Schritt beim Aufnehmen des Positiven	(15 Minuten)
19	In Frieden, Erfüllung und Liebe verweilen	(21 Minuten)

Wichtiger Hinweis

Die Ratschläge zur Selbstbehandlung in diesem Buch sind von Autor und Verlag sorgfältig erwogen und geprüft worden. Dennoch kann eine Garantie nicht übernommen werden. Bei ernsthafteren oder länger anhaltenden Beschwerden sollten Sie auf jeden Fall einen Arzt oder einen Heilpraktiker Ihres Vertrauens zu Rate ziehen. Eine Haftung des Autors oder des Verlages für Personen-, Sach- und Vermögensschäden ist ausgeschlossen.

Die begleitenden Meditationsanleitungen finden Sie auf den beigefügten CDs sowie im Arbor Online-Center unter www.arbor-online-center.de/6fjv8b. Grundsätzliche Erläuterungen zur Praxis und ihrem fachlichen Hintergrund finden Sie im Buch.

Es bietet sich an, das jeweilige Kapitel des Buches und die geführte Meditation parallel durchzuarbeiten. Nehmen Sie sich hierbei die Zeit und den Raum, die Meditationen so oft auszuführen, wie Sie mögen, bevor Sie zum nächsten Kapitel voranschreiten.

Mehr von Rick Hanson im Arbor Verlag

Rick Hanson

Das resiliente Gehirn

Wie wir zu unerschütterlicher Gelassenheit, innerer Stärke und Glück finden können

Resilienz bedeutet weit mehr, als Widrigkeiten aller Art zu ertragen. Wir brauchen Resilienz jeden Tag für unsere seelische Balance in einem komplizierten Alltag.

Mit seiner einmaligen Verbindung aus Neurobiologie, Achtsamkeit und positiver Psychologie zeigt Rick Hanson, wie Sie die Negativitätstendenz des Gehirns bewältigen und Resilienz kultivieren.

ISBN 978-3-86781-224-5

Mehr von Rick Hanson
Rick Hanson
Achtsam wie ein Buddha
Mit Meditation und Neurowissenschaft zum wahren Ich
Die 7 Stufen: von mehr Gelassenheit bis zum erwachten Geist
IRISIANA
HEYNE <
Wie wir unser Gehirn positiv verändern
Rick Hanson
Denken wie ein Buddha
Gelassenheit und innere Stärke durch Achtsamkeit
352 Seiten | ISBN 978-3-424-15390-3
288 Seiten | ISBN 978-3-453-70350-6
Mehr Infos unter irisiana.de
IRISIANA

Online

Umfangreiche Informationen zu unseren Themen, ausführliche Leseproben aller unserer Bücher, einen versandkostenfreien Bestellservice und unseren kostenlosen Newsletter. All das und mehr finden Sie auf unserer Website.

www.arbor-verlag.de

Mehr von Rick Hanson

www.arbor-verlag.de/rick-hanson